VIVIR FELIZ

Vivir feliz es el libro que te devolverá la alegría y levantará tu autoestima y tu amor por la existencia ya que "...fue escrito para cualquier persona que desee sentirse mejor de lo que en estos momentos se siente —cualquiera que frecuentemente experimenta bajas, una tristeza que no acaba, una manera pesimista de ver todo, frecuentes sensaciones de infelicidad, miseria interna, una falta de agradecimiento respecto al don de la vida— o para alguien que simplemente desea sentirse mejor".

Engánchate nuevamente a la gran emoción de la vida y descubre la magia de *Vivir feliz*.

Richard Carlson

VIVIR FELIZ

OBRA PUBLICADA
INICIALMENTE CON EL TÍTULO:
La magia de vivir feliz

SELECTOR
actualidad editorial

SELECTOR
actualidad editorial

Doctor Erazo 120   Tels. 588 72 72
Colonia Doctores   Fax: 761 57 16
México 06720, D. F.

VIVIR FELIZ
You Can feel Good Again: Common Sense Therapy
for Releasing Depression and Changing Your Life

Traducción: Rolf Meyer
Diseño de portada: Carlos Varela
Ilustraciones de interiores: Begoña Echeandía G.

ISBN (inglés): 0-525-93075-6
ISBN (español): 968-403-894-1

Décima Séptima reimpresión. Marzo de 2005.

Contenido

Introducción

Introducción

Con todo respeto, quiero pedirle que intente olvidar todo lo que desde siempre le han contado acerca de la infelicidad, el pesimismo y la depresión —de dónde provienen estos sentimientos, cuán graves pueden llegar a ser y cuán difícil es superarlos—. Trate de olvidar todos los intentos que realizó y que fracasaron, así como todos los enfoques que adoptó porque le prometían resultados satisfactorios pero que fracasaron en cumplir. A pesar de decirle que puede empezar a sentirse mejor *hoy mismo*, no le pido que me crea con fe ciega. En vez de eso, le pido que utilice su sentido común cuando evalúe lo que está a punto de empezar a leer. Cuando termine este libro creo que no sólo se sentirá mejor, sino que también comprenderá exactamente cómo la mayor parte de los enfoques que empleó antes para sentirse feliz, fracasaron.

La manera de obtener más y mejores resultados con base en este libro es el enfoque de una mente abierta. Siempre considere si lo leído crea eco en el sentido común y si suena como algo que ya conocía por intuición. Algunas cosas que leerá serán bastante diferentes de lo que experimentó antes. No permita que esto sea un obstáculo para obtener la ayuda que merece recibir. Mantenga presente que si la información a la que ya tuvo acceso antes fuera la respuesta que buscaba, no estaría leyendo este libro hoy. En vez de eso, estaría gozando de sí mismo y de su vida.

La información contenida en este libro es distinta porque representa una *nueva manera de comprender* en el campo de la salud mental. No se basa en otros enfoques que conoce. Si es capaz de dirigir e incorporar "de corazón" la información contenida aquí, se empezará a sentir bien inmediatamente. Esto implica poco esfuerzo, todo lo que tiene que hacer es entender lo que lee, a nivel intuitivo, y hacer esfuerzos suaves para poner en práctica esa comprensión. Como verá, no ofrezco ninguna técnica complicada que debe practicar o algunas teorías psicológicas sofisticadas por las que debe pasar. Lo que ofrezco es una comprensión sencilla, aunque profunda y basada en el sentido común para entender la salud mental y la felicidad, algo que funciona realmente y que puede aplicarse de inmediato. He conocido personas que han sido infelices, viviendo deprimidas hasta 30 años y al salir de mi consultorio se sentían mejor de lo que nunca antes se acordaban siquiera. Y lo que es más, los más hermosos sentimientos que aprenderá a sentir se quedarán en usted.

Soy un terapeuta del estrés que enseña a la gente algunos hechos muy sencillos de su funcionamiento interno —qué los hace reaccionar y qué los desbarata—. Los principios que enseño son de tipo genérico, lo que significa que se pueden aplicar a quienquiera. He recibido infinidad de comunicaciones de terapeutas de todo el país que vieron a sus pacientes aniquilar su infelicidad como resultado de lo que enseño. A medida que las personas aprenden cosas acerca de los procesos habituales que contribuyen a su propio sentimiento de miseria y las formas que utilizan en sus propias mentes para sabotear sus vidas, pronto descubren una manera natural y relativamente exenta de esfuerzos para escapar de las garras de la infelicidad y del pesimismo que quizá ha durado toda su vida.

El enfoque que enseño en mi práctica privada y que el lector está a punto de conocer, se fundamenta en un entendimiento conocido como "The Psychology of Mind" (La Psicología de la Mente).[1] Esto lo utiliza un creciente número de terapeutas, practicantes y educadores en todo el país —¡con resultados espectaculares!— Los principios que aprenderá en este libro fueron extrapolados con base en esta comprensión, amoldados de manera

---

[1] El organismo" The Psychology of Mind" ("Psicología de la Mente") fue fundado por el señor. Syd Banks y los doctores Roger Mills y George Pransky. Los principios contenidos en este libro son extrapolaciones de los tres principios de "Psychology of Mind" ("Psicología de la Mente"), pero no son expresión literal de esos principios. El lector puede informarse más acerca de "Psychology of Mind" leyendo los libros recomendados o al enviar su solicitud con respuesta de porte pagado a: Happiness Training, P.O. Box 1196, Orinda, CA 94563

que el paciente se encamine a la liberación de la infelicidad. Además, de muchos practicantes profesionales que enseñan este enfoque al público, existen varios excelentes libros disponibles en caso de que desee extender su comprensión.

Muchos de los profesionales que están enseñando este enfoque ahora, han llegado a la conclusión de que una gran mayoría de los apuntes más "convencionales" disponibles en la actualidad para tratar la infelicidad individual, en realidad agravan las cosas en vez de mejorarlas. En la conferencia anual del organismo estadunidense "Psychology of Mind International", en Minneapolis, el año pasado, en cuya ocasión fui integrante del comité asesor, hubo docenas de psicólogos y psiquiatras que decidieron cambiar y utilizar este enfoque de sentido común para ayudar a sus pacientes, alejándose de una terapia más tradicional. Muchos de estos terapeutas proporcionaron "estudios de casos" para apoyar los excelentes resultados que observaron en este creciente campo de la comprensión de la mente. Esto no significa que no existan terapeutas excelentes y bien calificados que practiquen terapias tradicionales en todo el país, desde luego que los hay. Sin embargo, lo que usted también puede descubrir es que muchas de las prácticas que estos terapeutas aplican, en realidad tienden a alimentar un estado depresivo ya existente. Estimulan a los pacientes para que "entren en contacto" con sus sentimientos más negativos y analicen su pasado con el fin de trascender sus situaciones actuales. Por curioso que parezca, a los pacientes se les pide que estudien, e incluso que revivan, tanto su infancia como sus experiencias del pasado reciente, de tal manera que puedan deshacer los daños psicológicos que se les impusieron. Desafortunadamente, muy pocos individuos dejan atrás esas experiencias, por lo general dolorosas, sintiéndose bien —lo que es el objetivo de toda terapia, ¿o no?

Uno de los problemas que se repiten constantemente y que he visto al trabajar con pacientes que "se rindieron" y abandonaron terapias tradicionales, antes de volverse hacia este nuevo enfoque, es que en cada ocasión que se descubre un nuevo trauma, el paciente de hecho vuelve a iniciar desde cero todo el tratamiento. Siempre existirán interminables nuevas sesiones destinadas a llegar al fondo de cada nuevo "tema" y a explorar los sentimientos negativos que acompañan el recuerdo de los mismos. Cada uno de los "temas" específicos implica nuevos sentimientos negativos que deben explorarse. Muchos terapeutas insisten en que a menos que la gente se enfrente con sus impulsos negativos inconscientes y se comprometan a mantenerse apartados de "la negación", están condenados por toda la eternidad a una vida miserable. Lo que debe tener en cuenta cuando tome la decisión acerca de si tiene o no sentido para usted iniciar una terapia tradicional, es el hecho de que quien lo motiva es alguien que ¡casi siempre recibe sus honorarios en base horaria!

En defensa de los terapeutas debo aclarar que no creo haberme topado nunca con alguien que intencionalmente mantuviera en tratamiento a un paciente durante más tiempo del que considerara necesario, pero a pesar de todo, existe un cierto conflicto de intereses que debe tratarse con mucha cautela: *¡si usted mejora, el terapeuta lo pierde a usted como paciente!* Si ha estado en terapia durante un largo tiempo y sigue siendo infeliz, es posible que desee considerar más de cerca la base de su tratamiento. *¿Realmente* servirá más de la misma medicina? ¿Profundizar en su dolor y sufrimiento *realmente* ayudará a experimentar alegría? ¿Establecer un contacto con más negatividad *realmente* provocará sentirse menos negativo? Lo dudo. La historia nos muestra que ese camino por lo general no funciona.

¿Significa esto que la terapia tradicional es inútil? No. Sin embargo, diría que el éxito en la terapia depende mucho más de la salud mental y la felicidad del terapeuta que de la experiencia de revivir traumas y dolores del pasado. Un terapeuta capacitado que además es alguien feliz y vibrante, con seguridad tendrá la capacidad para "transmitir" al menos una parte de su felicidad, casi independientemente del enfoque específico que utilice para el tratamiento.

Una de las observaciones más impresionantes que muchas personas hacen cuando asisten a un seminario de Psicología de la Mente o cuando tienen una sesión privada con un terapeuta que la practica, es que las personas que enseñan la Psicología de la Mente son personas felices. He llegado a creer que a menos que una persona sea feliz ella misma, es muy difícil, si no es que imposible, enseñarle a alguien cómo ser feliz. ¿Cómo podría una persona infeliz, atrapada en sus propios problemas, enseñarle a sentir alegría a una persona ya infeliz? Me siento agradecido de ser capaz de decir que yo soy, realmente, una persona feliz y tengo la esperanza de que el sentimiento que genero, lo impregnará a usted a medida que avance en la lectura de este libro.

¿Para quién es este libro?

Carl Jung dijo en cierta ocasión: "La mayor aflicción que afecta a la humanidad no es una enfermedad mental grave, sino una desazón general e infelicidad, la cual es muy prevaleciente en nuestra sociedad". Jung creía, de la misma manera que yo, que muchas personas sienten la vida a manera de "falta de vida". Muchas personas, si no es que la mayoría, perdieron el contacto con el misterio y la magia que nos rodea por todas partes.

Este libro fue escrito para cualquier persona que desee sentirse mejor de lo que en estos momentos se siente —cualquiera que frecuentemente experimenta "bajas", una tristeza que no acaba, una manera pesimista de ver todo, frecuentes sensaciones de infelicidad, miseria interna, una falta de agradecimiento respecto del don de la vida— o alguien que simplemente desea *sentirse mejor*. Este libro fue escrito en respuesta de un libro anterior titulado *You Can Be Happy No Matter What* ("Puede ser feliz sin importar nada"). Recibí cientos de cartas y llamadas telefónicas de lectores que valoraron los principios de la felicidad de los que hablaba pero que deseaban escuchar algo más específico acerca de cómo sacarse a sí mismos de aquellos "estados más bajos de la mente" en los que la gente pesimista se encuentra.

El enfoque para lograr la felicidad acerca de lo que leerá, puede ayudar virtualmente a cualquier persona a mejorar su forma mental de ver las cosas y la calidad de su propia vida. Sin embargo, *no debe* utilizarse como sustituto de un tratamiento aplicado por profesionales si se sufre de depresión grave, compulsión suicida u otros síntomas graves crónicos. Si siente depresión grave, por favor, busque consejo profesional *antes* de leer este libro o intentar la aplicación de su filosofía. Su médico o terapeuta puede desear utilizar este enfoque conjuntamente con su terapia y en lo personal, ciertamente espero que así sea, pero por favor, primero compruebe con él o ella.

Este libro fue escrito para responder a la afirmación de Jung acerca del estado de situación de la humanidad: el nivel de infelicidad generalizado que nos rodea. Le mostraré cómo deshacerse de los sentimientos negativos que pueden gobernar su vida y cómo reemplazarlos con sentimientos de agradecimiento, felicidad y amor.

En este libro, le mostraré cómo acceder a un lugar que está dentro de usted mismo, en donde la felicidad ya existe, así como a detectar los procesos mentales internos que lo alejan de este ámbito inherente de la felicidad personal. Nunca me he topado con una persona que no se haya sentido mejor después de aprender este enfoque tan sencillo. Cuando aprenda cómo *usted* crea la infelicidad en su vida con su propio pensamiento —y una vez que aprenda cómo detener esa creación de infelicidad en su vida por causa de su propio pensamiento— seguramente que tendrá muchas más dudas para continuar o retomar tendencias psicológicas destructivas que pueda haber tenido.

En el libro *You Can Be Happy No Matter What* expliqué cómo una comprensión de su funcionamiento interno puede resultar en una experiencia de vida más amplia y feliz. Sin embargo, muchas personas gravemente infelices con frecuencia sienten como si "felicidad" fuera un concepto que está demasiado lejos de su experiencia y sus personas como para considerarla siquiera posibilidad: simplemente lo que buscan es "sentirse bien de nuevo". A medida que descubra una forma natural para elevar sus emociones a un estado más normal, feliz, verá que aparecen nuevas posibilidades de felicidad que no existieron antes. Si se siente mejor después de leer este libro y de poner en práctica sus principios, espero que también leerá *You Can Be Happy No Matter What*, así como otros libros que he sugerido en mi sección de "lecturas recomendadas."

Cuando lea éste, hágalo con el enfoque de una mente abierta y con corazón curioso. No deseche ninguna cosa por considerarla demasiado simplista hasta que se dé una oportunidad honesta de practicar lo que aprenda y compruebe cómo se siente. Su vida es importante y *usted puede* sentirse bien de nuevo. Si lee acompañado por su propio sentido común como guía (recordando que su objetivo es ser más feliz), creo que se sentirá gratamente sorprendido de cuán bien puede llegar a sentirse consigo mismo. Realmente es cierto: *usted puede* volver a sentirse bien de nuevo.

Capítulo 1

Posibilidades

Jim e Yvonne estuvieron casados durante 32 años (la mayoría de ellos, infelices), cuando descubrieron que Jim tenía un tumor canceroso que con seguridad lo mataría en el curso de un año. Antes de saber esto, la pareja vivió en un estado casi constante de irritación mutua. Tenían frecuentes desavenencias y había mucha rabia, disputas interminables y desacuerdos, en prácticamente cualquier tema que se refiriera a su vida en común. El amor que se tuvieron, según palabras de Jim, se había "perdido hacía muchos años".

Algo extraño sucedió a partir del momento en que descubrieron que Jim tenía cáncer. Tanto él como Yvonne experimentaron un *cambio súbito* en sus conciencias. La rabia que tanto tiempo había sofocado su amor, *repentinamente* desapareció; sus diferencias se desvanecieron. A partir de ese momento les parecieron insignificantes y el amor que se tenían volvió a salir a la superficie, casi mágicamente, como si nunca realmente los hubiera abandonado.

¿Qué había sucedido? Esta pareja experimentó lo que se conoce por lo común como un "cambio de corazón" o un "cambio de conciencia". Nadie sabe a ciencia cierta cómo o cuándo sucede este cambio súbito, pero sí sabemos que existe y que es posible.

Un cambio súbito de conciencia puede ocurrir en cualquier área de la vida humana que tenga que ver con "cómo nos sentimos", ya sea en nuestras relaciones con otras personas, ansiedad, decaimiento o cualquier otra emoción que inmovilice. Considérese a un niño de ocho años que se va a la cama todas las noches asustado por su miedo a un "monstruo" imaginario que está detrás de la puerta del armario. Repentinamente, cierto día, sin que haya motivo especial, se da cuenta de que el monstruo no es real, que sólo existe en su mente. Se plantean algunas preguntas interesantes: ¿por qué el niño tuvo esta iluminación en ese día en particular? ¿Y qué le hizo darse cuenta de que el monstruo no era real? Las respuestas son sorprendentemente vagas. No lo sabemos de seguro, excepto para afirmar que un nuevo nivel de comprensión salió a la superficie en la conciencia del niño.

Otro ejemplo de un "cambio súbito" es el de aquella persona que jura que dejará de fumar. Semana por semana, año con año, promete que lo hará. Usted, como amigo suyo, ha escuchado la misma historia muchas veces. Luego, cierto día, sin razón aparente, su amigo le dice lo mismo, sólo que en esta ocasión, usted *sabe* que tiene toda la intención de hacerlo. Algo hay de diferencia, algo cambió. No puede señalarlo con precisión, pero sabe que su amigo nunca más fumará. Y realmente no lo vuelve a hacer.

No obstante que las particularidades de cada cambio súbito son únicas, existen denominadores comunes que parecen existir en todos los casos. En primer lugar, el "cambio" en sí no necesariamente se apoya en lo que ya conocemos, sino que más bien se experimenta repentinamente, como si surgiera de la nada. En otras palabras, la cantidad de información que tenemos no es factor decisivo. Por ejemplo, estaba trabajando con un paciente mío, Jorge, que siempre había sentido un prejuicio contra las personas de cierta raza. Tuvo un cambio súbito en su perspectiva y se dio cuenta (en sus propias palabras) "de lo tonto que había sido". Lo que hizo tan intrigante este ejemplo en particular, es que los dos *nunca* habíamos hablado de los prejuicios. Inclusive, yo ni siquiera sabía que tenía ese problema. Cayó en cuenta y lo comprendió cuando estaba exponiendo cómo su propia manera de pensar puede interferir en su manera de relacionarse con su esposa. Este cambio que sucedió en su conciencia ocurrió sin tener información adicional acerca del "problema". Tenía el conocimiento de años atrás, que todo prejuicio se fundamenta en la ignorancia, pero todavía sentía el prejuicio, hasta ese momento. Algo causó el cambio en su interior mientras pensaba en otra cosa distinta.

También yo experimenté un *cambio súbito* que es igualmente inexplicable. Durante toda mi vida me sentí paralizado sólo ante la idea de hablar en público. Me bastaba pensar que hablaría ante un grupo de personas, y empezaba a sudar y en dos ocasiones, ¡hasta me desmayé! Luego, mientras participaba en una comida con algunos amigos al asistir a una serie de conferencias, me di cuenta de que no había nada a qué temerle. No puedo explicar exactamente por qué o cómo obtuve esta visión interior nueva, sólo puedo constatar que tuvo lugar. Hasta el día de hoy me siento muy a gusto al hablar ante grupos de cualquier dimensión y lo hago con bastante frecuencia.

En segundo lugar, los *cambios súbitos* se acompañan de una sensación de inspiración, algunas veces descrita como "una sensación de ligereza" o "una agradable sensación". Yvonne y Jim describieron, cada uno por su lado, su *cambio súbito* como una "sensación de increíble alivio", como si se les hubiera quitado de los hombros una inmensa carga.

Muchos de mis pacientes me han informado de sensaciones similares de "sentirse elevados", de alguna extraña y poderosa manera, en el momento en esta visión interior que cambió la forma en que percibían la vida. Habitualmente, esta sensación se describe como un sentirse seguro, estar en confianza y seguridad. Más adelante, presentaré esta sensación como su *funcionamiento psicológico saludable*.

Por último, los cambios súbitos son de naturaleza permanente. Cuando ocurre un cambio, no parece que exista vuelta a la anterior manera de ser, al menos no en toda su extensión. Por ejemplo, para mí es difícil imaginarme asustado por hablar frente a un grupo de personas. No obstante, puedo sentir empatía con personas que sienten ese temor porque recuerdo la sensación. La idea de Yvonne y Jim "odiándose", como fue durante tanto tiempo, les parece ridícula. Y mi paciente, Jorge, se ríe y burla de sí ante el pensamiento de que a alguien le desagrade otra persona tan sólo por el color de su piel. Ésta es la naturaleza de una visión interior. Sucede y a partir de aquel momento, la vida se ve distinta.

Un punto interesante e importante acerca de los cambios súbitos es: *No existe relación entre el aspecto de "sentirse bien" con el cambio súbito y la apariencia externa de que "la vida está mejorando".* Así por ejemplo, una persona experimenta un *cambio súbito* en relación con la forma en que se siente respecto de sus finanzas, no lo siente tan sólo porque se sacó la lotería. Experimentó el cambio porque miró al mismo conjunto de hechos de una manera nueva. Sea lo que sea que esta persona mirara, le produjo un impacto lo suficientemente fuerte, hasta el punto de que el objeto de esta visión interna (el dinero en este caso), ya no es una fuente de conflicto interior en su vida.

Es cierto, Yvonne y Jim no mejoraron su situación real de ninguna manera. Por el contrario: Jim había recibido un diagnóstico que señalaba el final de su vida. Y sin embargo, ambos sintieron más amor por el otro como nunca antes.

De la misma manera, el niño que se dio cuenta acerca de la irrealidad de su monstruo en el armario, no modificó su situación. Para empezar, ¡el monstruo nunca había estado allí! Ésta es la naturaleza de los cambios súbitos. Suceden porque se da un cambio en la comprensión —no por un cambio en circunstancias.

Éste es un libro acerca de las posibilidades. Permanezca "abierto" a la posibilidad de que le ayudará a experimentar su cambio súbito. Si lo hace así, su experiencia de la vida cambiará ante sus propios ojos. Se sentirá mejor, más alegre, tranquilo y sereno. Absolutamente nada debe cambiar en su vida con el fin de que se sienta mejor. Sencillamente, lo que necesita es mirar algo acerca de la naturaleza de su propia forma de pensar, algo que no había visto antes. Su cambio súbito puede suceder instantáneamente y ser profundo.

Compromiso

Como verá a lo largo de todo el libro, la felicidad es una elección que cada uno de nosotros realiza momento a momento. Con el fin de ser feliz, primero se debe *decidir* a y comprometerse a ser feliz.

Es importante saber que hacer un compromiso para aprender el arte de la felicidad, no es exactamente lo que parece a primera vista. La mayoría de las personas comete el error de confundir "comprometerse a ser feliz" con la decisión de mejorar su vida de alguna forma. A pesar de que las dos ideas parecen relacionarse, no es el caso necesariamente. Como quizá ya se dio cuenta, cada quien puede cambiar cualquier cosa en su vida sin afectar el nivel de felicidad sentido —ni siquiera un poco—. Puede ganar más dinero, salir de algún lío, conocer nuevos amigos, tener un nuevo trabajo, resolver algún problema, terminar una carrera profesional o lograr algo que siempre deseó, y a pesar de todo parece que hay un inexplicable vacío. La razón de que este vacío sea real es que la felicidad existe de manera independiente a las circunstancias, es una sensación y sentimiento con el que se puede aprender a vivir.

La forma para obtener los mayores beneficios del presente libro es enfocarlo con la comprensión de que es posible aprender a ser feliz *sin cambiar ninguna cosa en su vida* —excepción hecha en su relación con su manera de pensar—. Emerson en cierta ocasión dijo: "el ancestro de toda acción es el pensamiento". Todas las cosas de su vida existen en función de la manera en que se relaciona con su pensamiento. De la manera en que la piense, así será la realidad.

El compromiso es una herramienta poderosa para el logro del cambio. Le quitará presiones al remover la inseguridad a la que con frecuencia acompaña la falta de éste. El matrimonio, por ejemplo, es un compromiso. Cuando las parejas se comprometen en matrimonio, existe una razonable probabilidad de que el compromiso establecido libremente entre dos hará que sea un éxito, sin importar lo que pueda llegar a suceder. Es el comprometerse lo que ahija la esperanza. Antes de comprometerse en matrimonio, la gente con frecuencia se siente insegura porque cree que perderá a su pareja. El compromiso alivia la ansiedad y les confiere la libertad de "dejar ir libres" sus preocupaciones. No se preocupan porque saben que están comprometidas.

Sin compromiso, el éxito en cualquier empresa es difícil. Ya se trate de llevar una dieta, estudiar para presentar un examen, aprender a jugar al tenis o decidir ser feliz. Establecer un compromiso consigo mismo es un paso importante.

Cuando se establece un compromiso de ser feliz, de hecho, lo que se dice es lo siguiente: *"Existen muchas cosas en la vida que no puedo controlar (el mundo, otras personas y sus elecciones y reacciones, accidentes, imperfecciones, sufrimientos, duras labores). A pesar de todo, ésta es mi vida y no importa qué suceda, yo voy a ser feliz porque es la única vida que tengo. Esto no significa que me alegraré que sucedan cosas malas. Ciertamente deseo que no sucedan. Esto tampoco significa que no desee que algunas veces las cosas fueran distintas, eso es seguro. Entiendo que mi vida no es perfecta y que jamás lo será. Y eso está bien. Mi pasado tampoco fue perfecto. Y existen partes de mi pasado que cambiaría si pudiera, pero no puedo. Ésta es mi vida y estoy decidiendo que puedo ser feliz."*

Siempre que imponga condiciones a su felicidad, no la experimentará. El mismo proceso mental que asocia su felicidad a resultados específicos, sólo repetirá el proceso una vez que ese resultado se obtenga. Una persona que crea que "tener niños" la hará feliz, creará entonces nuevas condiciones que sólo sucederán cuando los niños lleguen. Es posible que crea que será feliz cuando el infante haya superado el estadio de bebé o las terribles pruebas de los primeros años o cuando tenga suficiente dinero para criar a los niños. En cambio, el compromiso por ser feliz le permite desechar todas estas "condiciones previas". En vez de poner condiciones, lo que se dice a sí mismo es: "No importa cuan difícil parezca, voy a practicar los procesos mentales que me conducirán a la felicidad".

Ser feliz no siempre es algo fácil. De hecho puede ser uno de los retos más grandes de la vida. La madurez consiste en hacerse responsable de su propia felicidad, en este instante. Esto significa elegir concentrarse en lo que se tiene, en vez de en lo que se carece.

El compromiso es el primer paso para permitirle recuperar las sensaciones y sentimientos positivos que busca. La mayoría de nosotros cree que al resolver nuestros problemas o mejorar nuestras relaciones personales, encontrarnos contentos; pero esto significa que nuestra felicidad debe posponerse hasta que algún dato futuro aparezca, cuando esas condiciones se cumplan. El compromiso es un paso hacia adelante, el cual hace que ese futuro sea ahora.

La felicidad es el resultado de una decisión de ser feliz. Quizá pueda creer que algún día llegará a cierto lugar llamado felicidad, de la misma manera en que se detiene en una parada de autobús. Ésta es una suposición de que algún día todo caerá en su lugar correcto y de que podrá afirmar seguro: "Perfecto, ha llegado. Logré llegar al país de la felicidad". Obviamente, esto no va a suceder nunca.

No importa qué tan buena se torne su vida y cuántos de sus sueños se realicen, de cualquier forma no ha tomado la decisión de ser feliz. Aún estará pendiente su decisión de serlo. Todavía tendrá que comprometerse. No existe camino que vaya *hacia* la felicidad. ¡La felicidad *es* el camino!

La información de este libro le servirá como herramienta para navegar y lo guiará hacia la felicidad. Recuerde que su objetivo es ser feliz. Realice el compromiso con la felicidad y, entonces, utilice las herramientas de este libro para llegar. Por lo tanto, ¡empecemos!

Capítulo 2

Sus pensamientos y la manera de sentirse

꧁ꕥ꧂

Usted y yo constantemente estamos pensando —¡y es algo muy bueno! —Si no contáramos con la habilidad para pensar, nuestras vidas nos parecerían tener muy poco significado. Es extremadamente importante darse cuenta de que estamos pensando constantemente. No se complazca en el pensamiento de que "obviamente" ya estaba enterado de este hecho. Lo más probable es que no lo esté. Piense, tan solo durante un instante, acerca de su respiración. Hasta este momento, tanto le llame la atención sobre la acción, lo más seguro es que haya perdido la conciencia del hecho. Respirar es tan natural para usted que, a menos que esté sin aliento, simplemente olvide que lo está realizando, se hace automático.

El proceso de pensar trabaja de la misma manera. Debido a que no siempre está recordándolo, es fácil olvidar que se hace, se vuelve invisible o imperceptible. Sin embargo, a diferencia de lo que sucede con la respiración, olvidar que se está pensando, incluso durante un instante, puede causar problemas muy graves en su vida, incluyendo la infelicidad y hasta la depresión. Esto es cierto porque su forma de pensar siempre volverá a usted como un sentimiento, como la manera en que se siente. Permítame explicarlo: la manera en que en estos instantes se siente es el resultado de los pensamientos que tiene en este momento. En sentido más amplio, la manera en que se siente siempre está determinada por los pensamientos que tiene. Le daré algunos ejemplos para ilustrar este punto. Suponga que al leer este material tiene el pensamiento, "esto es demasiado simplista, mis problemas son bastante más serios de lo que el doctor Carlson puede imaginar siquiera". Si fuera verdad que está teniendo estos pensamientos se sentirá escéptico y pesimista en este instante. Y eso no es coincidencia. Antes de que tuviera esos pensamientos, no se sentía pesimista. Sus pensamientos crearon sus sensaciones de escepticismo, no las palabras escritas.

Si las palabras en sí crearan sensaciones, entonces cualquiera que las leyera se sentiría de la misma manera, lo que por supuesto no es el caso. La relación entre su forma de pensar y cómo se siente se forma tan rápidamente (en una fracción ínfima de un segundo) que casi nadie se da cuenta que está sucediendo. No obstante, esta relación de causa y efecto entre los pensamientos y las sensaciones que uno experimenta, es uno de los fenómenos más poderosos que jamás percibirá como ser humano.

Ahora, suponga que estuviera leyendo el periódico matutino y que se topara con un artículo acerca de un niñita que fue rescatada de un edificio en llamas. A medida que avanza en su lectura, piensa "qué alivio". Tan pronto como tuvo este pensamiento inspirador, sintió que su estado anímico mejoraba. Nuevamente, su emoción fue creada por sus pensamientos —no por el evento en sí—. Si pensara acerca de él de manera diferente, se hubiera sentido distinto. Por ejemplo, si tuvo el pensamiento, "ya era hora que incluyeran una historia con final feliz, porque los periódicos siempre están llenos de malas noticias", no se hubiera sentido reanimado sino pesimista. Las sensaciones que acompañan los pensamientos se realizan en un instante. Esta dinámica psicológica es verdadera el cien por ciento de nuestro tiempo de vigilia —no existen excepciones—. Siempre que tenga un pensamiento y crea que éste es verdadero, sentirá una respuesta emocional correspondiente. *Sus pensamientos siempre crean sus emociones.* Comprender el significado de esta frase es el primer paso en la vía de escapar de la infelicidad y la depresión.

Los pensamientos negativos y pesimistas, independientemente de su contenido específico, son la causa y raíz de todas sus emociones autodevaluadoras y autoderrotistas. De hecho, es neurológicamente imposible para alguien sentir algo sin haber tenido antes un pensamiento —simplemente, no tendría punto de referencia—. Trate de sentirse culpable sin antes tener pensamientos de culpabilidad. Trate de sentirse furioso sin pensar acerca de algo que lo enfurezca. No puede hacerlo. Con el fin de experimentar un evento, debe procesar ese suceso en su mente, por lo tanto, interpretarlo y darle un sentido y significado. Comprender esto conlleva enormes implicaciones. Sugiere que si se siente infeliz, no es su vida, sus circunstancias, sus genes o su verdadera naturaleza lo que está provocando su infelicidad, es su manera de pensar. La infelicidad no puede existir por sí misma de manera independiente, es la sensación que acompaña la forma negativa de pensar acerca de su vida. En ausencia de esta forma de pensar, la infelicidad no puede existir. No existe nada en lo que sus sensaciones negativas puedan afianzarse si no es en sus pensamientos.

No estoy afirmando que jamás se den componentes fisiológicos que conformen un estado de infelicidad o depresión o que tornen a una persona predispuesta a estos estados. Lo que digo, sin embargo, es que sin "pensamiento", no existe combustible para alimentar el fuego, no hay nada para nutrir esa "predisposición" o componentes fisiológicos para que se vuelva realidad lo negativo.

Vale la pena notar que siempre han existido personas que parecen tener todas las razones para estar deprimidas —se concentran en circunstancias que deprimen a algunos de nosotros tan sólo por oír hablar de ellas: pobreza desvalida, trabajos hercúleos, tratamiento cruel infligido a otros—. No obstante, de alguna manera, también hay personas que simplemente no experimentan infelicidad, independientemente de cuán serias puedan parecernos sus circunstancias. Tales personas sencillamente aprovechan lo mejor que pueden las circunstancias por las que pasan. Existen otras personas que parecen tener todas las razones para experimentar felicidad y contento, gente que tiene vidas aparentemente fabulosas, pero que en realidad con frecuencia está atormentada por depresiones. Lo que sucede es que estas personas en vez de concentrar sus pensamientos en lo que tienen, lo hacen en aquello que carecen y desearían tener.

Incluso cuando su problema o circunstancia es real, es su forma de pensar lo que la vuelve real.

Supongamos que dos de sus amigos están divorciándose. Siempre supuso que si cualquiera "podía superarlo", ellos también. El viernes, la pareja presentó su demanda de divorcio en el juzgado y a la semana, su amigo le llamó para comunicarle la noticia. "Oh, no", le dice, e instantáneamente usted empieza a sentirse mal. ¿No le parece esto interesante? El suceso ya tuvo lugar hace bastante tiempo. Sin embargo, ahora, en el momento en que piensa en esto usted empieza a sentirse mal. Es obvio que el acontecimiento en sí no lo hizo sentirse mal. Ocurrió hace siete días y ni siquiera estaba enterado de él. Sus pensamientos acerca del suceso fueron los culpables. Estos fueron los responsables por la forma en que se sintió. Este suceso con seguridad que fue "real" pero no significó nada para usted (era neutral), sino hasta el momento en que le dio vida por medio de su pensamiento. Lo interesante es que si su pensamiento hubiera interpretado el suceso de forma distinta, se hubiera sentido de forma diferente. Pudo haber fácilmente pensado en cambio: "Bueno, creo que saben lo que es mejor para ellos". Y ese pensamiento pudo haberlo impregnado con una sensación de compasión y comprensión.

Sus pensamientos no son reales

Si pudiera entender la idea de que "sus pensamientos no son reales", podría dejar de leer en este instante porque sentiría un tremendo sentido de alivio y se habría dado cuenta de cómo crear la felicidad en su vida —para siempre—. Y, a pesar de que esto *me*

forzará a dar algunas explicaciones, esta afirmación es muy cierta.
Reflexione: sus pensamientos no son reales (son pensamientos
auténticos) pero no son lo mismo que "realidad" concreta.

Cuando "piensa", lo que hace es emplear la imaginación para
crear una imagen o diseño de un evento o suceso en su mente,
más que crear algo "real". Es como si experimentara todas las cosas de la vida "de segunda mano", más que momento a momento. Si se encuentra manejando en dirección a su hogar después de
asistir a un partido de beisbol, revisando los puntos culminantes
del partido en su mente, sólo está imaginando cómo fue el juego.
El juego en sí ya no es realidad, sólo es real dentro de su mente,
en su memoria. Fue real en su momento, pero ya no. De forma similar, si piensa acerca de cuan mal está su matrimonio, estará
revisando o proyectando en su mente su matrimonio. Lo que hace, literalmente, en todos los sentidos de la palabra, es "recons-
tituir" su relación matrimonial. Los pensamientos que tiene entonces acerca de su relación sólo son pensamientos, no son "realidad". Por eso la existencia y tino del antiguo refrán que dice:
"Las cosas no son tan malas como parecen". La razón de que las
cosas "parezcan tan malas" es porque la mente tiene la capacidad
para recrear eventos del pasado y proyectar eventos por suceder,
casi como si estuvieran ocurriendo frente a usted, en ese instante.
Pero no ocurren. Para agravar más las cosas, nuestra mente es

tan poderosa que puede añadir dramatismo adicional a cualquier suceso, transformándolo en algo aún peor de lo que realmente es, o fue, o será. Lo que es más importante todavía es que su mente puede repasar los eventos imaginados ¡docenas de veces en cuestión de segundos! Esto es algo muy importante que hay que comprender porque mientras que un suceso real, tal como una discusión con un amigo puede durar uno o dos minutos, la mente puede recrear cada suceso, magnificarlo y transformarlo en algo con duración de tres horas —o, como sucede en algunos casos, algo que dure toda la vida—. No obstante, aquella discusión AHORA no es real, como aquel enfrentamiento que tuvo con su padre hace 10 años. El asunto es que AHORA, cuando su vida está realmente sucediendo, aquella discusión o enfrentamiento es sólo un pensamiento, un acontecer que está siendo creado dentro de su mente.

Si puede visualizar que sus pensamientos no son la realidad, son sólo pensamientos y, como tales, no pueden lastimarlo y, en consecuencia, su vida entera empezará a cambiar hoy. Muchas veces he sido testigo de que esta concientización por sí sola transforma la vida de alguien impregnado por el miedo y la depresión en alguien con una vida de felicidad.

¿Qué le diría usted a un niño de nueve años de edad que está convencido de que una bruja mala está escondida detrás de una puerta? ¿Le pediría al niño que lo visitara cada semana para que le describiera la apariencia con el mayor detalle posible? ¿Le pediría que pensara en ella constantemente? No. Por supuesto que no. Probablemente, trataría de convencer al niño de que esa bruja mala no es real, que sólo es un personaje imaginado. Con su ayuda, en algún momento el niño comprendería que la bruja mala sólo tenía "realidad" en su mente. Una vez que se percate de ello, ya dejaría de tenerle miedo.

Si proseguimos con esta comprensión para llevarlo un paso más allá, ¿qué le diría al mismo niño si le dijera: "Mi vida es un fracaso, nadie me quiere, jamás me divierto, no quiero vivir"? ¿No intentaría enseñarle que los pensamientos que tenía acerca de sí, sólo eran eso, pensamientos? Yo lo espero. Nada sustenta esas ideas en su mente si no es su propio pensamiento, su diálogo interno. Si ese niño de nueve años pudiera ver lo que trata de enseñarle, si tuviera la capacidad de establecer un tipo diferente de relación con su forma de pensar, ¿no estaría en mejor posición que si creyera que sus pensamientos son reales? Le apuesto que sí. ¿No sería acaso agradable si pudiera relacionarse con todos sus pensamientos de la misma manera?

Como un sueño

Una de las formas más sencillas para comprender la naturaleza dañina de nuestra propia manera de pensar y lograr la creación de alguna distancia entre usted y su forma de pensar, es comparar el proceso de pensar con soñar. Casi nadie ha estado exento de la desafortunada experiencia de tener una pesadilla. Mientras dura, parece muy real. A pesar de todo lo real que nos parezca, una vez que despertamos, nos damos cuenta de que sólo fue un sueño. Cuando se mira de cerca el acto de soñar vemos de lo que realmente es: pensar mientras se duerme. ¡Eso es! Mientras se está dormido, se siguen produciendo pensamientos. Los pensamientos que se creen seguirán causando una respuesta emocional interior y pueden ser espantosos. Hace algún tiempo, una de mis hijas despertó en medio de la noche porque tuvo un "mal sueño". Le pareció a ella tan real que hasta sudó. Sin embargo, una vez despierta, mi hija se sintió distinta. No obstante que sólo cuenta con tres años de edad, se dio cuenta de que el sueño no era real. Sólo se trataba de su forma de pensar.

El pensamiento consciente durante la vigilia puede mirarse con la misma perspectiva y claridad. Parece real pero no es más que pensamiento. Y cada vez que olvide que es sólo pensamiento, tendrá todas las apariencias de la realidad, como una pesadilla. Se puede asustar o deprimir con su forma personal de pensar en cuestión de segundos si no se da cuenta de que lo hace. Puede estar sentado en su hogar, leyendo un libro, cuando un pensamiento cruza su mente: "he estado tan deprimido durante tanto tiempo", o bien, "mi matrimonio no tiene nada de bueno". ¿Se da cuenta cuan seductor puede ser? Si puede entender el "pensamiento" de la manera en que lo he presentado, puede desechar esos pensamientos y otros parecidos —puede dejarlos ir—. O también, si así lo elige, puede seguir ocupándose de ellos sabiendo qué es lo que se está causando. Mientras tenga conciencia de que usted está a cargo de sí mismo, quien está pensando, está protegido. Lo repito, no existe diferencia con soñar.

Una persona que no se encuentra deprimida tendrá pensamientos exactamente como los suyos, incluso, tendrá algunos depresivos, pero existirá una gran diferencia. Cuando los tiene, se dirá a sí mismo: "Válgame, ya estoy otra vez con la misma" o algo parecido. Más pronto o más tarde, recordará que *él* o *ella* es la máquina que produce pensamientos —se lo está haciendo a sí mismo—. Tan pronto como sea consciente de ello, su mente bajará el ritmo y empezará a aclararse y soltará un respiro de alivio. Empezará a sentirse mejor. Y luego, seguirá con sus actividades del día.

Una persona infeliz o deprimida, por otra parte, que no "mira" sus pensamientos con la perspectiva apropiada, es posible que siga su tren de pensamientos, crea que son realidades y se someta a un sufrimiento inacabable. Incluso si no persigue ese

tren de pensamientos en particular, más pronto o más tarde, seguirá alguno negativo que le bajará los ánimos. Sin la comprensión de cómo su propio pensamiento está creando sus experiencias negativas, existen pocas cosas que logren impedir que sus
pensamientos lo lleven en espiral descendente hasta la depresión,
a fin de cuentas, usted cree que son realidades.

La solución es mirar sus propios pensamientos como tales, no
como la "realidad". Hay que establecer alguna distancia con respecto de ellos. Igual que sus sueños, sus pensamientos provienen
del interior de su propia conciencia, no son realidad. Sólo son
pensamientos y no pueden dañarlo. A medida que forme una
distancia y perspectiva respecto de su forma de pensar, se sentirá
liberado de sus efectos. Es cierto que no se puede negar que cada
quien tiene su parte de pensamientos negativos y
autodenigrantes. La pregunta que debe uno plantearse es: "¿cuán
en serio debo tomar estos pensamientos?" Sus pensamientos no
tienen otro poder que el que usted les conceda.

Esto es algo más que pensar positivamente

Si bien pensar positivamente es obviamente preferible a hacerlo
negativamente, el solo pensamiento positivo no es suficiente para
sacarlo de un estado de depresión durante mucho tiempo. Tam-

bién debe entender que usted es quien piensa y de que sus pensamientos no son realidades. Esto es importante porque los "pensadores positivos" están a merced de su propia forma de pensar como lo están los pensadores negativos, lo que ocurrirá si están convencidos de que pensar es algo que les está sucediendo en la realidad, más que algo que sólo están haciendo. Éste es un punto muy sutil, pero aquellos que logran aprenderlo, aprenden a escapar de la depresión.

Los pensamientos positivos siguen siendo|sólo eso (concedo que son mucho más agradables que los negativos) pero no dejan de ser pensamientos únicamente. Si cree que debe pensar positivamente en todo momento, ¿qué sucederá cuando un pensamiento negativo aparezca en su mente? Ay, ay.

Ahora ya no siente la obligación de pensar positivamente –no lo necesita—. Si ha pasado mucho tiempo deprimido (y si está leyendo este libro es probable que así sea), habrá escuchado a cientos de personas bienintencionadas que sugieren todo tipo de cosas para que "piense más positivamente". Por desgracia, de lo que no se da cuenta la mayoría que nunca ha sufrido depresión es que cuando se está deprimido, pensar positivamente es algo tan imposible como ¡abordar una nave espacial y volar más allá de la Luna! Pensar positivamente es algo que sucederá naturalmente, sin esfuerzos, a medida que se saque a sí mismo de su depresión. Es una consecuencia natural resultante de saber que sus pensamientos no pueden lastimarlo.

La idea en todo esto es contar una forma distinta para relacionarse con su manera de pensar —una que le permita tener pensamientos de cualquier tipo, sin que les conceda excesiva importancia o seriedad—. Puede llegar a un punto en su vida en donde puede tener un pensamiento negativo (o un tren de pensamientos negativos) y decirse a sí mismo con sencillez: "vaya, otro más". Dejarán de ser encabezados a ocho columnas en su mente. A medida que esto ocurra, se sentirá capaz de resistir la urgencia de seguir cada uno de los trenes de pensamientos negativos que aparezcan en su mente.

Si de alguna manera pudiera acceder al interior de la mente de una persona verdaderamente feliz, se daría cuenta de que él o ella no necesariamente tienen pensamientos positivos. En vez de eso, le sorprendería saber que no piensan demasiado en nada, aparte de lo que les ocupa en esos instantes. Las personas felices, sea por instinto o porque les enseñaron, comprenden que el nombre del juego es gozar su vida, mucho más que cavilar acerca de ella. Las personas felices están tan inmersas en los procesos de su vida que raramente se detienen a analizar cómo la viven. Son felices porque *no están* pensando demasiado acerca de la vida, están ocupados sólo en disfrutarla. Si desea verificar lo correcto de este concepto por propia experiencia, invierta algún tiempo observando a un salón de clases lleno de niños en edad preescolar. La razón por la que se divierten tanto es porque toda su energía se encamina al disfrute, no al análisis. Están inmersos en lo que sea que esté sucediendo entonces, no están llevando cuentas de lo que ocurre.

Por favor, no cometa el error de pensar: "es diferente con los niños porque no han crecido y no tienen problemas reales". Para un niño, sus problemas tienen tanta realidad como los suyos. Los niños manejan problemas muy difíciles relacionados con su edad, padres que se pelean o están en proceso de separación, adultos que les indican qué deben hacer, gente que les quita sus cosas y la necesidad que sienten de sentirse incluidos y amados, tan sólo para nombrar algunos. La diferencia entre adultos y niños y sus niveles de felicidad, no están indisolublemente unidos a cuan reales son sus problemas, sino cuánta atención les presentan a esos problemas.

Si usted es de los que constantemente analiza o "hace cuentas" de sus experiencias, siempre encontrará motivos para hallar fallas en su vida. Porque, ¿quién no podría mejorar lo hecho? Existe incluso mucha gente que se enorgullece de esta habilidad de estar pendiente para detectar "lo que está mal". Pero si se sigue un tren de pensamiento parecido a "la vida sería mejor si tan sólo...", entonces se habrá retrocedido a subir a un tiovivo y una vez más, se estará a merced de la propia forma de pensar. Un pensamiento llevará a otro y luego a otro más. El asunto se resume a cuánta negatividad se tiene capacidad para manejar. La verdadera felicidad sucede cuando se aquieta a sí mismo en su mente analítica, cuando se concede un descanso.

Una vez que se tenga conciencia que su forma de pensar es lo que crea su experiencia de la vida, incluyendo el estado de depresión, el análisis de su vida seguramente perderá su atractivo. Llegará a tener tanto sentido como darse de topes contra un muro. ¿No sería mucho más sabio hacer lo mejor que se pueda en todo momento? Concentre su atención en disfrutar lo que está haciendo con la conciencia de que siempre puede hacerlo mejor.

Tome nota de que no sugiero que no mejore su calidad de vida, ésta mejorará a medida que preste más atención a vivir y menos a cómo lo hace. Una vez más, reflexione acerca de los niños. Ellos tienen la mayor capacidad de aprender de todos los humanos.

La tensión y su forma de pensar

Si su forma de pensar determina la manera en que se sentirá, entonces es muy importante entender con exactitud qué sucede cuando se concentra la atención en su manera de pensar negativa.

Haga uso de su sentido común para contestar a la siguiente pregunta: Si las sensaciones negativas se causan por la forma de pensar negativa, entonces, ¿qué bien puede hacer analizar a fondo las partes negativas de su vida? Si invierte mucho tiempo repasando problemas potenciales, deteniéndose en "lo que está mal" y pensando o hablando de los problemas, con seguridad sucederán sólo dos cosas. En primer lugar, se volverá un experto de sus propios problemas. Tome nota que no estoy diciendo que será un experto en *resolver* sus problemas. Únicamente lo será en describirlos. ¡Y los terapeutas estarán encantados con usted!

En segundo lugar, se sentirá deprimido —o al menos, estará desanimado—. ¿Cuál es la razón de esto? Aquí se aplica una ley fundamental: ¡Los pensamientos crecen con la atención! Cuanta más atención se concentre en la forma de pensar, tanto mayor se vuelve el pensamiento en la mente y más importante llega a parecer ese pensamiento. Si le pidiera que pensara acerca de lo que le está molestando, probablemente me daría una repuesta rápida. Si exploráramos su respuesta los dos y le pidiera que la describiera más a fondo y especuláramos acerca de qué tanto podría ir mal, lo habría inducido a que se metiera más a fondo en su dolor. Cuanto más específico y detallado haya expresado su problema, tanto mayor sería el pensamiento en su mente.

Ahora, por un momento, retrocedamos. Hace unos segundos

estaba bien y ni siquiera pensaba en su problema. Ahora, con mi intervención, está describiendo un suceso doloroso, ¡como si realmente estuviera sucediéndole! Pero de ninguna manera está ocurriendo —excepto en su mente—. Soy el primero en aceptar que es importante "reconocer" un problema real. Sin embargo, reconocimiento y compromiso por resolver un problema toma tan sólo uno o dos instantes, cuando mucho. Reconocer algo es muy distinto a insistir, analizar y repasar.

Recuerde, la manera en que se sienta está determinada por sus pensamientos. Por lo tanto, cuanta más atención ponga en *cualquier cosa* negativa, peor se sentirá. Una vez más, le pido que haga uso de su sabiduría y sentido común para decidir si me cree o no. A pesar de la creencia popular de que hablar y "trabajar" emociones negativas es una buena idea, sugiero que el sentido común señala algo muy diferente. Si consideramos todo, la gente ha estado "trabajando" interminables emociones negativas durante años y muy pocas personas están hoy mejor que al empezar, y muchas están peor. Las preguntas que deben plantearse (y también plantearle a su terapeuta) son: ¿cuándo se detiene esto (el análisis)? ¿Cuándo será suficiente? ¿Cuándo será ese momento en que me sienta mejor?

Si cree que sus pensamientos son la realidad (y se le estimula para que "trabaje" con ellos) terminará hasta con más de lo que puede manejar o enfrentar. Cuanto más piense, mayor y más importantes le parecerán los pensamientos y mayor cantidad habrá. Debido a que sus sensaciones y sentir están determinados por lo que piensa, por necesidad se hundirá todavía más. Y por desgracia, debido a que se sentirá más decaído, tendrá ahora aun peores pensamientos, con los cuales también tendrá que "trabajar". Esto constituye una espiral negativa sinfín que jamás se dirige hacia arriba, hacia donde desea estar. Esta espiral terminará únicamente cuando decida por sí mismo que "¡basta!" Finalizará cuando "empiece de nuevo", con un pizarrón en blanco, con mente clara cuando se dé cuenta que lo único que mantiene su depresión es su propia forma de pensar. Debe dejar de concentrar su mente en su depresión.

La humildad

A medida que aprenda este enfoque y mientras empieza a "sacarse" de la depresión, intente tratarse con suavidad. Se requiere un alto grado de humildad para admitir que la propia forma de pensar es la causa del sufrimiento. Todo lo que aprendió antes de este momento, puede indicarle otra cosa. Antes de percatarse que su forma de pensar está causándole depresión, es fácil culpar a otros y las circunstancias de su vida por la miseria que experimenta porque cuando se siente mal tendrá la tendencia de apoyarse en alguna "teoría" del porqué se siente de "esa" manera específica. Mientras pueda seguir creando causas para fundamentar su depresión (por ejemplo, su cónyuge, su vida, sus hijos, sus genes, su situación financiera, su futuro, etcétera), puede albergar la falsa esperanza de que las cosas irán mejor cuando... Sin embargo, puede darse cuenta que realmente no es verdadero. La postura mental que afirma "la vida será mejor cuando..." crea condiciones adicionales que se deberán cumplir tan pronto desaparecen las iniciales. En realidad, lo único que necesita es mirar a la infinidad de veces en su vida que ha recibido lo que deseaba, tan sólo para comprender que cambiar las circunstancias no era la respuesta última a sus problemas. Porque si así fuera, ¡entonces ya sería feliz! Decenas de miles de veces en su vida, obtuvo exactamente lo que quería y, a pesar de todo, ¡sigue siendo infeliz!

La solución consiste en tener la humildad para admitir que todo el tiempo originó y alimentó su propio dolor por su forma de pensar. Pero no se preocupe, casi todo el mundo está haciendo lo mismo. La buena nueva es que tan pronto como vea que esto que afirmo es cierto, estará en el camino para tener una vida mucho mejor. No importa cuan deprimido estuviera o cuánto tiempo lo estuvo, en el momento que pueda ver que sólo su manera de pensar es lo que provoca su depresión, estará liberándose.

No se puede pensar el camino para salir de la depresión

Desde muchos puntos de vista, si desea escapar de la depresión, es tan importante saber "lo que no debe hacerse" como lo es "saber qué hacer". Si leyó con atención hasta aquí, entonces no tendrá dificultad para entender la siguiente afirmación: ¡No se puede pensar el camino para salir de la depresión! Puede pasar cien años pensando en la forma de salir de ésta y no escapará nunca de sus garras. La razón es que cuando su ánimo está bajo, generará pensamientos negativos. Todo lo que verá es negatividad. Ya sabe que son sus pensamientos los que determinan la manera que siente; por tanto, cuando piensa en un estado mental deprimido sólo agravará las cosas. Vince Lombardy, el famoso entrenador de futbol americano, dijo en cierta ocasión: "Sólo porque esté haciendo algo mal, el hacerlo con mayor intensidad no ayudará". Nada más cierto cuando se está deprimido. Para empezar, fue su manera de pensar la que afectó su estado anímico y repetir más de lo mismo sólo agravará todo.

Capítulo 3

El funcionamiento psicológico saludable

En el núcleo o centro de su ser existe algo que nació con usted: su "funcionamiento psicológico saludable". Es algo que no se aprende, es inherente, es derecho de nacimiento, siempre presente cuando su mente o "personalidad" no piensa. Su funcionamiento saludable es innato, es su estado mental más natural. No se trata de "quien usted cree que es" (eso es su ego), es su yo superior, el que es realmente y que puede ser. Su funcionamiento saludable es el lugar donde se ubica su sabiduría, su paz mental, su sentido común, su satisfacción de vivir y su sensación de plenitud del ser.

Me referiré a su funcionamiento saludable de distintas maneras, como "sabiduría" y "sentido común". No importa cómo lo llame, las palabras son intercambiables. Su funcionamiento saludable es la parte de usted más allá de la infelicidad; es la fuente de su optimismo, la parte donde existe auténtica y duradera felicidad, así como la parte que no se inmuta cuando las situaciones de la vida no son perfectas.

Es importante saber que nació con ello, que no fue algo que tuvo que aprender. La verdad, más bien, es que tuvo que aprender el "funcionamiento insalubre", aprendió a ser infeliz. Nadie nace siendo escéptico o negativo. La duda respecto de sí mismo, autocrítica, negatividad y pesimismo, son resultado de pensamientos negativos que aprendió a tomar en serio, casi como si tales ideas tuvieran vida propia. ¡Pero no la tienen! Su autoimagen y personalidad son una compilación de pensamientos que creó acerca de sí mismo. Si jamás hubiera aprendido a considerar en serio los pensamientos negativos acerca de sí mismo, hoy no experimentaría las sensaciones de malestar que los acompañan. Usted es el único creador de todos sus pensamientos negativos. Ellos no tienen fuerza para lastimarlo, aparte de la que usted mismo les otorgue.

Desafortunadamente, si no se le enseña que los pensamientos que alberga respecto de sí mismo "sólo son pensamientos", entonces empezará a creer que los pensamientos respecto de sí mismo son verdaderamente lo que son. Cuanto más crea en su propio pensamiento, sin cuestionarlo, tanto más obstruye su funcionamiento saludable. Una baja autoestima no es sino un funcionamiento saludable que se oscureció con "pensamientos de dudas" que uno aprendió a tomar demasiado en serio. Considere lo siguiente: un niño de corta edad seguramente no pensaría en preguntarse a sí mismo: "¿soy bastante bueno?" Debe aprender primero a plantear la pregunta. Antes de aprender los tipos de pensamientos de dudas sobre sí mismo, la imagen de un niño es bastante saludable y está intacta. Si puede aprender a aceptar pensamientos negativos acerca de sí mismo, entonces también puede aprender a desecharlos y tomarlos con menos seriedad. Y a medida que logre hacerlo, su funcionamiento saludable retornará a su vida rápidamente. Cuando se desechan dichos pensamientos, renace la sensación agradable de sí mismo.

Su funcionamiento saludable es una fuerza invisible dentro de usted que es posible conocer. No es algo que se pueda tocar o probar, pero tampoco es un sueño. ¡A pesar de saber que los sueños existen! El primer paso para acceder a este funcionamiento saludable es confiar en su existencia real y entonces, simplemente desear acceder a esta fuerza. Recuerde, existen infinidad de aspectos milagrosos de la vida que son invisibles: los pensamientos, sueños, creatividad, intuición, sentido común, sabiduría.

La razón de que el funcionamiento saludable pueda ser algo que considere ajeno a usted, es el hecho de que cuando lo experimenta, no lo identifica. Es una sensación tan sencilla, sin complicaciones, que ni siquiera la nota. No es una sensación como la "excitación", la que puede describir fácilmente. De hecho, el funcionamiento saludable es más fácil describirlo cuando está ausente.

El funcionamiento psicológico saludable es aquella sensación que percibe cuando todo parece estar bien, cuando la vida parece sencilla y se cuenta con sentido de perspectiva. Es la sensación de percibir las cosas sencillas de la vida, como disfrutar al ver jugar un niño, ser testigo de la caída de hojas de un árbol.

Cuando está comprometido con su funcionamiento saludable, se adquiere la capacidad de mantener un sentido de equilibrio interno que nada tiene que ver con lo que esté sucediendo alrededor. Existe independientemente de las partes exteriores de su vida. Es una sensación que está *dentro de usted,* una a la que puede aprender cómo acceder.

Al comprender que el funcionamiento saludable es inherente, notará su presencia en su vida, éste se transforma en el modo normal de funcionamiento emocional cuando usted se abre a los hechos de su existencia. Haga memoria y recuerde la última vez que se despertó "con el pie derecho" y sintió gratitud por el hecho de vivir. Inclusive los pesimistas eternos tienen momentos en los que esta magia los inspira en la vida. Recuerde la última vez que algo ocurrió en su vida y que hoy desearía que no hubiera tenido lugar pero entonces, a pesar de todo, conservó su sentido de perspectiva, se mantuvo sereno. ¿Qué es lo que le permite mantenerse sereno cuando otras personas pierden la serenidad? Todavía más interesante es la respuesta a la pregunta: "¿Por qué algunas veces soy capaz de mantener el sentido de perspectiva, en tanto que en otras siento que perderé la cabeza?" La respuesta es que algunas veces está conectado con su funcionamiento saludable y en otros no. Es interesante anotar que si *alguna vez* tuvo esa sensación que describo (el funcionamiento saludable), entonces *ya sabe* que existe. No hay razón para que desaparezca en la nada y luego vuelva por casualidad, de vez en cuando. Igual que la intuición, el funcionamiento saludable es una fuerza invisible que se encuentra en su interior y la puede llamar para ayudarlo a vivir. Lo único que necesita saber es que allí está y desear que aparezca.

¿No sería agradable si pudiera aprender a vivir en un estado de salud mental como el descrito? El primer paso a dar es abrirse a esa posibilidad. He visto que esto ocurre con muchas personas y le aseguro que también puede suceder con usted. Sepa que si *alguna vez* se sintió en paz durante el desarrollo de una crisis, incluso que hubiera conservado la calma mientras otros la perdían, entonces es probable que se sienta así con regularidad. Lo que hay dentro de usted, allí está. Este libro trata de la ayuda que requiere para alinearse con esa sensación interna de paz y fuerza.

Con el fin de superar la infelicidad y volverse una persona más feliz y alegre, debe encontrar algo en su vida que sea más poderoso e importante que su infelicidad. El funcionamiento saludable es más poderoso y bello que *cualquier* fuente de miserias. Una vez que empiece a reconocer la sensación de un funcionamiento saludable en su vida, se transformará en el factor individual más importante de la misma. Descubrirlo es todo lo que se necesita para vivir una vida auténticamente feliz, productiva. Si un problema no se puede resolver mientras se está conectado con él, entonces es que simplemente no tiene solución.

Su sistema de pensamiento comparado con el funcionamiento saludable

Su sistema de pensamiento se ocupa únicamente de los detalles de su vida, qué resultado obtiene al compararse con otros, el logro de sus objetivos mundanos, su intelecto, gratificaciones de su ego y un surtido interminable de deseos y necesidades por satisfacer. El sistema de pensamiento es insaciable. Su trabajo es pensar, comparar, contrastar y analizar. Se preocupa de "lo que sucede en su vida". El conjunto de lineamientos en cuyos límites opera es totalmente incompatible con el disfrute. Cuando alguien se alinea exclusivamente con su sistema de pensamiento, como lo hace mucha gente, se condena a una vida de frustraciones e infelicidad. Quizá fue Woody Allen, el cineasta, quien lo expresó de la mejor manera al decir: "Jamás me inscribiría en un club que me tuviera a mí como miembro". Claro, lo que en ese momento hablaba en él era su ego, no su funcionamiento saludable. La triste verdad es que nadie de nosotros se haría miembro de ese club si invirtiéramos suficiente tiempo pensando acerca de por qué no deberían aceptarnos.

No se puede pensar el camino hacia la felicidad —ni puede hacerse nada para volverse feliz—. La felicidad es un estado de la mente, no un conjunto de circunstancias. Es una sensación de paz que es posible aprender a vivir, no es algo que se debe buscar. Nunca se encontrará la felicidad al buscarla, porque en el momento en que inicie la búsqueda se habrá sustraído de sí mismo. La felicidad es la sensación correspondiente a su propio funcionamiento saludable. Cuando usted acepta la noción verdadera de que el funcionamiento saludable es una parte con mucho significado, puede suspender sus intentos por ser feliz y simplemente aprender a serlo.

Desafortunadamente, si no aprende a confiar en su funcionamiento saludable y a acceder a él, es imposible aprender a ser feliz porque más que aprender a buscar una sensación o sentimiento seguirá prestando atención a los pensamientos negativos que pasen por su mente.

Su funcionamiento saludable no se ocupa de "lo que pasa en su vida". Esa fuerza tiene una visión más amplia. Se ocupa de *cómo se relaciona usted* con aquello que sucede en su vida. Es obvio que existe una enorme diferencia. Su sistema de pensamientos su fuente de pensamiento condicionado. Se presenta con condiciones que "él cree" que lo harán feliz. Por otra parte, su funcionamiento saludable es la fuente que hace posible su felicidad. Si únicamente contara con su sistema de pensamiento, nunca sería feliz —jamás lo sería—. Tendría la capacidad para pensar en infinidad de cosas que lo hicieran feliz, pero nunca podría realmente *sentirse feliz*. Su mente pensante seguiría generando "condiciones" que supuestamente lo harían feliz, pero cuando estas condiciones estuvieran satisfechas, su sistema de pensamientos empezaría todo el proceso una vez más, presentándole nuevas condiciones que deberían cumplirse antes de sentir felicidad, realmente en un círculo vicioso interminable. Su sistema de pensamiento le presentará cosas como, "seré feliz si mis circunstancias financieras mejoran". Pero si gana el premio de la lotería, su sistema de pensamiento iniciará nuevamente con pensamientos como "ojalá que el gordo hubiera sido mayor" o bien, "¿y qué pasa si pierdo todo este dinero?" o incluso, "¿qué pasa si se les acaba el dinero y no pueden pagarme?"

Su funcionamiento saludable es aquella parte de usted que le permite sentirse feliz, ya sea que las circunstancias financieras sean o no como quisiera que fueran. Es un lugar en su interior que siempre se siente contento. Su funcionamiento saludable se despreocupa de "lo que sucede", sólo se ocupa de cómo se siente y cómo se relaciona con lo que ocurre en su alrededor. Su funcionamiento saludable es la parte integral que *sabe* que el factor más importante en su vida no es "lo que sucede", sino que es "lo que hace" que ocurra por medio de su manera de pensar. Todos los sucesos, los buenos y malos, van y vienen. Es solamente su memoria, su forma de pensar, lo que mantiene con vida y transforma en relevante cualquier evento. La clave para destrabar su felicidad es empezar a ser consciente de que USTED es el creador de esos pensamientos. Su funcionamiento saludable es la parte que sabe que la fuerza verdadera de la vida está ubicada dentro del pensador (usted) y no en los pensamientos en sí mismos.

Su funcionamiento saludable no es sólo una teoría o una entidad pasiva de la que se lea y luego se olvide. Es una fuerza muy real, positiva y viva interna, a la que puede aprender y acceder. Y no sólo eso, sino que, como ya lo sugerí, usted ya *accedió a él* en muchas ocasiones en su pasado. Fue en aquellos momentos en que sintió "que todo estaba bien". La clave para eliminar la infelicidad y sustituirla con alegría, es aprender a reconocer el funcionamiento saludable cuando *está* presente en su vida y ayudarlo a crecer y desarrollarse.

Usted puede empezar por buscar claves que lo guíen en dirección a su funcionamiento saludable. La manera para conectarse con esta sensación es reconocer primero que lo posee en su interior y luego, apreciarlo cuando esté presente. No busque solamente el funcionamiento saludable cuando se sienta alterado, sino préstele atención cuando se sienta bien. De esta manera, su funcionamiento saludable podrá crecer. A medida que más y más de su energía y atención se encaminen a esta otra parte de sí, en su interior experimentará con más frecuencia esta sensación. Las mejoras experimentadas se retroalimentarán a sí mismas, proporcionándole más confianza y más esperanza, generando un ciclo de vida mejorado y positivo. Al pasar el tiempo tendrá la capacidad de verse a sí mismo entrando y saliendo de este funcionamiento saludable, y por último será capaz de vivir en este estado mental la mayor parte de su tiempo. Incluso si no tiene la capacidad para conectarse a este estado de sensaciones más agradables, al menos sabrá que existe. Este conocimiento lo protegerá y escudará contra las garras de la infelicidad y la depresión.

Si logra detectar la verdad en lo que afirmo (que no existen tantas cosas, aparte de su sensación de infelicidad y sus pensamientos negativos), se encontrará en el umbral de la libertad personal. Debe empezar por reconocer que, efectivamente, cuenta con salud mental en su conciencia, algo llamado funcionamiento saludable o energía del alma. Debe percatarse de que, aunque no lo sienta en estos momentos, a pesar de todo allí está, esperando que le preste atención. *Su funcionamiento saludable debe volverse más importante y más real para usted de lo que su infelicidad lo fue en su pasado.* Cuando esto suceda, verá una luz y esperanza nuevas que surgen en su vida. Los momentos de salud mental que haya experimentado en su pasado, serán minutos, luego horas y finalmente su manera de vivir.

Imagine que tiene un par especial de "calcetines naranja" que ha perdido pero que hoy quiere ponerse. Si está convencido que los tiene, sabe qué aspecto tienen y si realmente desea ponérselos, tendrá miles de probabilidades más de encontrarlos que si no está seguro si son suyos. ¿Cómo podría encontrar algo que buscar? ¿Cómo hallar sus calcetines color naranja si sólo revisa los color café? Sólo con mucha suerte.

Si realmente empieza a buscar, explorar y hasta ansiar activamente su salud interior, usted *encontrará* lo que busca. A medida que su comprensión y fe en la existencia de su energía del alma aumente, descubrirá que salen a la superficie sensaciones más agradables en su vida. Cuando esta parte que jamás se deprime se reconoce y acepta, se comienza a vencer la infelicidad, de la misma manera que la luz del sol lleva vida a una planta que se abandonó en la oscuridad. La luz es más poderosa que la oscuridad. El funcionamiento saludable es más poderoso que la infelicidad. Una vez que reconozca su salud mental y felicidad inherentes, serán demasiado poderosas para seguir como fuerzas inactivas en su vida. Una vez que reconozca esta sensación por lo que es, se transformará en algo que se refuerza a sí mismo, hasta que sobrepase cualquier infelicidad que aún quede en usted.

Un estado mental pacífico, sin depresión, se deriva de buscar un estado mental de paz, no por estudiar y analizar la depresión. No se encontrará la "claridad" al estudiar la "oscuridad". Sé que esto suena obvio y hasta cierto punto, lo es. Pero esta forma de mirar las cosas de la vida con la perspectiva del "sentido común", es cualquier cosa menos común. Con mayor frecuencia de lo que se pudiera esperar, los terapeutas y hasta los amigos, pedirán que les describa su dolor, que considere las implicaciones y "las razones" que están detrás, con la buena intención de conducirlo a un estado mental de paz. Pedirán que explore las partes de su pasado que fueron dolorosas y que "se ponga en contacto" con su negatividad y su lado oscuro. *Si está deprimido, ya está en contacto con su negatividad.* Para ser feliz, necesita viajar en dirección opuesta, hacia un funcionamiento saludable. Por favor, no malentienda lo que digo. Una persona que es buen escucha y alguien con un oído conmiserativo, pueden realizar milagros para el alma, y en algunos aspectos son señales de buena amistad. No estoy tratando de emitir un juicio o crítica a los enfoques habituales de las terapias y ciertamente, menos aún a una buena amistad. Más bien, lo que intento es permitirle decidir por sí mismo qué es lo que reportará lo deseado en la vida. Si tiene un lado oscuro en sí, está bien. Reconózcalo, comprométase a eliminarlo y siga adelante. No encontrará la felicidad analizando su depresión. Elaborar teorías acerca de por qué se siente mal, sólo lo llevará hasta cierto punto y ciertamente no a la felicidad. Antes bien lo alejará de ella, muy lejos de la dirección deseada. Pensar en exceso acerca del pasado y de los problemas, sólo lo convence que se cuenta con buenas razones para estar alterado e infeliz.

Cuando está buscando oro, la idea es desechar la escoria y mantener el ojo alerta para detectar el metal. Si se concentra en la escoria, jamás hallará lo que busca, sólo verá lo desechable. Cuando un buen deportista profesional juega un partido, con fanáticos gritando en la audiencia tratando de distraerlo para que falle, él debe mantener su atención y olvidarse de todo lo demás. Los mejores jugadores de baloncesto hacen precisamente eso. La más ligera distracción habitualmente termina en un tiro fallido y, al final, en un partido perdido. Un buen atleta practicará intensamente aquello que le funciona. Nunca se detendrá a revisar una y otra vez los errores pasados. Desechará pensamientos que causen dudas acerca de su capacidad y buscará eliminar las imágenes de errores pasados de su conciencia.

Su salud mental y felicidad funcionan de manera similar, con la diferencia de que las apuestas son mucho más elevadas. De lo que se trata, es de su vida, no una competencia deportiva. Si pregunta a cien "personas felices" porque desea averiguar el secreto de su éxito en la felicidad, *ninguno* le dirá que jamás tiene emociones negativas, ninguna le dirá que jamás tuvo pensamientos negativos ní le dirá que su pasado fue perfecto. Sin embargo, prácticamente todos dirán que incluso inmersos en su negatividad, sabían que existía algo mejor, algo más importante para ellos que esa espantosa sensación que experimentaban. Su fe en "esa otra parte de sí mismos" es la fuerza que los impulsó hacia la felicidad. Las personas felices saben que existe algo mejor, algo más poderoso e importante que aquello en lo que están pensando en momentos negativos. Saben que estudiando la infelicidad no causará sino lo mismo.

Susan, madre de cuatro hijos, decidió aprender el funcionamiento saludable luego de tres años de estar en terapia tradicional. Se había decidido al tratamiento en un intento por ayudarse a salir de la depresión que había sentido la mayor parte de su vida adulta. Su "terapeuta tradicional" creía que el antídoto para sus sentimientos negativos era enfocarlos con intensidad, una manera para "salir de ellos" y "superarlos". Repetidamente, se le dijo que la única manera de sentirse mejor era sentirse peor en el proceso de salir. Se le había enseñado cómo "entrar en contacto con su negatividad", para que pudiera soltarla. Poco después de someterse a la terapia tradicional, Susan le dijo a su terapeuta que ese método no tenía sentido para ella porque ya estaba "en contacto" con su negatividad. Argumentó que a final de cuentas, ésa era la razón de que estuviera buscando ayuda externa. Sin embargo, los argumentos de su terapeuta fueron lo suficientemente convincentes para que siguiera adelante con la terapia. Tres años más tarde, me comentó: "Soy experta en sentirme mal pero no tengo la menor idea de qué hacer para sentirme bien".

En nuestras sesiones, Susan aprendió cómo utilizar sus sensaciones y sentimientos como compás interior para usarse como guía en el transcurso de la vida. Aprendió que sus sensaciones tenían un propósito: existían para hacerle saber si miraba la vida desde un punto de vista de su funcionamiento psicológico saludable o desde un estado mental negativo, distorsionado. Se dio cuenta de que al analizar su negatividad, nada lograba aparte de justificar la sensación de estar deprimida y resentida, precisamente los sentimientos y sensaciones de las que deseaba escapar.

Aprendió que las sensaciones positivas, el sentimiento de sus propias señales de funcionamiento saludable, le mostraban que estaba yendo por "la vía correcta". Cuando las sensaciones positivas están con nosotros, nuestro sentido común empieza a funcionar y encontramos soluciones a cualquier problema. Por ejemplo, Susan había batallado durante años con el problema de "no tener suficiente tiempo". Aprendió, sin embargo, que había invertido tanta energía en preguntarse por qué se sentía tan mal, que no sorprendía su carencia de tiempo o energía para cumplir con las obligaciones reales de la vida. A medida que su nivel de bienestar aumentó al no enfocarse en su depresión, se sorprendió de tener tiempo y energías más que suficientes para realizar todo lo que necesitaba.

Susan aprendió que su depresión era una señal que existía para indicarle que estaba funcionando muy por debajo de su nivel deseado de bienestar, que estaba fuera de rumbo y avanzaba en dirección equivocada. De esta manera, adquirió la capacidad para aprender a cómo orientarse hacia un funcionamiento saludable.

En los capítulos que siguen, en muchas ocasiones me referiré a su funcionamiento saludable. Encontrará herramientas que lo capacitarán para acceder a sensaciones más agradables, con mayor frecuencia. Al avanzar en su lectura, mantenga en mente que el objetivo es sentirse mejor. A medida que aprenda a desechar los obstáculos que interfieren con su funcionamiento saludable, estará construyendo los cimientos de una salud mental que le durará toda la vida.

Capítulo 4

Desechar pensamientos

Toda persona promedio tendrá alrededor de 50 mil pensamientos que entran y salen de su mente durante el curso de cualquier día. ¡Vaya! Por fortuna, compartimos todos una importante habilidad: la de "desechar" pensamientos que se presentan a nuestra mente.

Desechar pensamientos es algo que se hace de una manera muy natural, no requiere esfuerzo, y está destinado a mantenernos lejos de la confusión, ansiedad, hiperestimulación y de dejarnos atrapar por nuestros propios pensamientos. Sin esta habilidad, indudablemente todos sufriríamos ataques de nervios tarde o temprano y nos derrumbaríamos. Habría excesiva actividad mental qué manejar, simplemente.

Considere qué sucedería si estuviera disfrutando una película, un sábado por la noche, y durante un lapso de la acción, empezara a preguntarse si debiera pintar su recámara de azul o de blanco, el verano próximo. Es probable que sencillamente desechara este pensamiento de su mente, lo dejaría "irse" junto con decenas de miles de otros que asaltan su mente durante el curso de cualquier día. Existen pocas probabilidades de que permitiera que este pensamiento interfiriera con su disfrute de la velada sabatina. Seguramente que no evaluaría, analizaría o se detendría en este pensamiento (a pesar de que no habría esfuerzo involucrado), sino que sencillamente lo dejaría que derivara lejos de sí. Y mientras este pensamiento se fuera, volvería a concentrar su atención en lo que estaba haciendo, viendo la película. Puede ser de utilidad para usted observar de cerca cómo desecha pensamientos durante todo el día. Y una pregunta importante que plantearse es: si puedo desechar un pensamiento, ¿por qué no puedo desechar otros? La simple verdad es ésta: *usted puede desechar todos los pensamientos que crea que puede excluir.*

Reflexione un instante acerca de lo que pasaría si no hubiera desechado el pensamiento sobre de qué color pintar su recámara y se hubiera concentrado en él. En tal caso, el pensamiento hubiera crecido en importancia y, por lo tanto, creado un potencial de afectación a su bienestar. Mientras pensara "pintar la recámara", empezaría a sentir los efectos del pensamiento. La pregunta "¿cuál color?" podría llevar a una sensación de confusión, seguida por todo un tren de pensamientos adicionales, como "nunca puedo decidirme", y éste, causarle una sensación de frustración o ansiedad. Un pensamiento le seguirá naturalmente a otro y luego a otro más, a menos que quien los piensa elija desecharlos todos juntos.

Para empezar, sorprende cuan poco control tenemos sobre cuáles pensamientos hemos de dejar entrar en nuestra mente. Parecería que los pensamientos sólo aparecen en nuestra mente, casi como al azar. Nuestro poder de control sobre nuestra propia forma de pensar empieza *después* de la formación de un pensamiento. Es sólo *después* de que tiene un pensamiento en la mente que surge la elección de continuar pensando acerca de lo mismo o dejarlo que se aleje. Su habilidad para alejar pensamientos estará ligada a su comprensión de que esos pensamientos, en y por sí mismos, no tienen poder alguno que pueda lastimarlo. Los pensamientos son nada más que imágenes en su mente. Puede quitar esas imágenes siempre que así lo elija.

Constantemente desechamos pensamientos de todo tipo, los que consideramos innecesarios o sin importancia. Lo que nos mete en problemas es únicamente nuestro juicio contaminado relativo a lo que es "innecesario". Por ejemplo, si bien tenemos la capacidad para desechar el pensamiento acerca de "pintar", quizá *no la tengamos* para desechar el relacionado con "cuan mala

se ha vuelto mi vida". Desechamos un pensamiento por insigni-
ficante, pero analizamos otro como si tuviera vida propia. Ningún pensamiento tiene vida. Tanto uno como el otro pueden
desecharse con la misma facilidad. Irónicamente, es mucho más
importante desechar el pensamiento acerca de lo mala que está
nuestra vida que el relacionado acerca del color de nuestra recámara, pero pocos de entre nosotros nos damos cuenta de que
tenemos esta elección, si así optamos. A medida que practique el
arte para desechar pensamientos, verá cuan sencillo es realmente.

Como ya vimos, *siempre* que tomamos en serio un pensamiento, independientemente de su contenido específico, estamos
en posición de experimentar los efectos de ese pensamiento,
sentimos las emociones que van con esos pensamientos. Por fortuna, también lo opuesto es cierto. Cuando aprendemos a desechar pensamientos que interfieren con nuestro bienestar
emocional, empezamos a sentirnos mejor. Esto a su vez, pone en
movimiento un nuevo ciclo positivo. Cuanto mejor nos sintamos,
menos pensamientos negativos tenemos. Y cuando aparecen, los
desechamos sin darles importancia.

Imagine que se encuentra sin hacer nada por ahí, repasando
malhumorado sus finanzas. Piensa lo difícil que es cubrir todas
las necesidades, cosas como: "¿y qué sentido tiene todo a fin de
cuentas?" Siente lástima por sí mismo. Entonces, repentinamente,

huele a humo y sospecha que viene del departamento debajo del suyo. Recuerda que allí viven niños de corta edad. Instantáneamente, salta de donde está y corre para ver si puede ayudarles. Las preguntas que se plantean después son: ¿qué sucedió con los pensamientos durante el incendio? ¿Adónde se fueron? Muy sencillo: los desechó, se fueron. Decidió que ocuparse del potencial incendió tenía prioridad a seguir pensando en su vida. Realmente, así de sencillo es. Tome nota que tan pronto como desechó esos pensamientos y se dedicó a otra cosa, se vio liberado de los efectos que tenían esos pensamientos negativos. Ya no tuvo lástima de sí mismo. Se sintió con nuevas energías, incluso tuvo la presencia de espíritu para ayudar en una crisis. Cualquier sensación o sentimiento negativo que había experimentado derivó lejos y fue remplazado por sensaciones asociadas con sus nuevos pensamientos.

La única manera de revivir esas mismas sensaciones negativas de sus finanzas personales, es empezar a pensar de nuevo en ellas. Esto puede parecer locura pero por curioso que le parezca, existen personas que harán exactamente eso. En este caso, se ocuparían del fuego y luego, con prisa regresarían a su anterior postura mental. Sería como si se dijeran: "Bueno, ¿en dónde me quedé antes de que me interrumpieran? Ah, sí. Estaba pensando acerca de lo mala que está mi vida. Vaya que sí, en especial mis finanzas están mal. Y también me siento pésimo, realmente". Parecería que exagero, pero es verdad que muchos literalmente se torturan (o lo hemos hecho) con emociones derivadas de pensamientos, sin ser conscientes nunca que *se lo infligen ellos mismos*. Esta tortura personal es absolutamente una locura, pero casi todos lo hacemos.

En el momento en que se dé cuenta de lo que se hace a sí mismo será el instante en que se inicie su liberación. *Usted es el pensador que imagina que tan mal está su vida.* El poder para suspender la acción está en sus manos. Usted escribe el guión de su vida. En la ausencia de pensamientos negativos, no existe "leña" para alimentar la lumbre de sentirse mal. No se tiene que pensar de forma distinta y su vida no tiene por qué cambiar. Todo lo que debe hacer es tomar conciencia de que usted es el productor de sus propios pensamientos. Éstos, en sí mismos, no tienen vida propia y no pueden lastimarlo. Cuando se olvidan, desaparecen hasta que se piensa en ellos nuevamente.

Los seres humanos contamos con una habilidad natural para zafarnos de pensamientos sin sentido y destructivos. Por ejemplo, ¿qué sucede con el chismorreo de oficina cuando el patrón súbitamente aparece por la puerta? Todos instantáneamente adoptan un mejor comportamiento. Y para hacerlo *todos deben* olvidarse del chisme. En casos como éstos, los individuos implicados se ven motivados a abandonar una forma de pensar que alimentaba el chismorreo. Sin embargo, con frecuencia se da el caso de que alguien sugiera a estas mismas personas que dejen el chismorreo y que la molestia que genera desaparecerá. Sin embargo, la respuesta es parecida a esto: "Se dice fácil, pero no podemos dejar de pensar en el chisme". Si bien algunas veces *parece* que así es, en realidad no hay tal. La verdad es que constantemente estamos desechando pensamientos, pero por lo general, no estamos conscientes de hacerlo. Es importante saber que usted, al igual que los empleados chismosos de la oficina, tiene *gran cantidad* de motivos para empezar a desechar pensamientos que lo hacen infeliz. La motivación es muy clara y sencilla: si lo hace, será feliz. Sus relaciones mejorarán y sus problemas parecerán resolverse por sí solos.

El factor tiempo

Si consideramos la forma en la que la mayoría de las personas superan sus problemas y experiencias dolorosas, con mucho, el más popular de los remedios es "dejar pasar el tiempo". Se nos enseñó a creer que "el tiempo cura todas las heridas". Por desgracia, la gente raramente se da cuenta del hecho que *son ellos mismos* quienes dejaron de producir problemas al sacarlos de sus mentes. Este "desechar" *en efecto es* el factor que causó el retorno de su salud mental. Si hubieran reconocido ese hecho, sería posible mantener un alto grado de salud mental fundamentada en esta base. Sin embargo, debido a que este hecho no se toma en cuenta, incluso cuando las personas se las arreglan para recuperar algo de salud mental al abandonar sus pensamientos, carecen de la comprensión de cómo *realmente* consiguieron su alivio, lo que a su vez, hace casi imposible sostener en nosotros sensaciones y sentimientos más positivos de una manera más constante. El proceso es muy sencillo en realidad: cuando aparecen en su mente pensamientos negativos (los mismos antiguos o nuevos), se tendrá la tendencia de caer víctima del mismo patrón conocido y en vez de desechar los pensamientos cuando aparecen, con lo que se recuperaría una perspectiva más pacífica, se verá arrastrado a manejar los mismos pensamientos de nuevo. Cuando alguien aprende que el secreto de una continuada salud mental consiste en desechar pensamientos negativos, se libera para experimentar regularmente salud mental.

El paso del tiempo no tiene una relevancia *real* para hacernos "superar" algo, tan sólo nos estimula a olvidarnos de lo preocupante. Como vimos, tenemos la capacidad de abandonar cualquier pensamiento instantáneamente cuando nos vemos motivados y elegimos hacerlo. Comprender la manera de pensar nos permite ver que todos los pensamientos sólo son eso y que la memoria lo es también, ya sea que el suceso tuviera existencia real hace 10 años o hace 10 minutos. El hecho es que tenemos la capacidad para desechar pensamientos de nuestra mente siempre que así lo elijamos. Cuando empezamos a sentirnos mejor como resultado, el proceso de desechar pensamientos nos parece más sencillo y fácil. Si el paso del tiempo realmente fuera el factor determinante de que una persona "supere algo", entonces todos nosotros superaríamos las cosas en un lapso idéntico; pero sabemos que no sucede así.

Capítulo 5

Sabiduría

Es innegable que una de las preguntas que con más frecuencia se me hace es: "Si mis pensamientos sólo son eso, y son algo acerca de lo que no debo preocuparme excesivamente, entonces, ¿cómo sé a cuáles pensamientos debo prestar atención y cuáles debo desechar?".

Somos afortunados al contar con una inteligencia interior que es más profunda y más honda de lo que la pudiera determinar cualquier prueba psicotécnica: la sabiduría. Su sabiduría le dirá cuándo escuchar y confiar en sus pensamientos y cuándo debe ignorarlos. Le dirá cuándo está pensando de forma habitual, por costumbre, y cuándo está pensando con base en un estado sabio de sentido común.

La sabiduría existe *en el exterior* de los límites de nuestro sistema de pensamiento individual. En otras palabras, cuando estamos experimentando la sabiduría, no estamos pensando en forma habitual, sino que lo hacemos desde una perspectiva totalmente distinta; desde una situación un lugar que está fuera de los confines de nuestro modo de pensar normal, lo que probablemente explique el porqué tan pocas personas parecen darse cuenta de que existe en sus vidas. Si bien, como sociedad, tradicionalmente se ha reverenciado la "inteligencia", es importante saber que la sabiduría no se deriva sólo del pensamiento, está conectada con la habilidad para utilizar su inteligencia o su memoria. Usted no puede "inteligir" lo que su sabiduría está tratando de decirle. En vez de eso, usted aprende a confiar en esa quieta voz interna que sabe lo que necesita conocer. Y lo que es más, cuando no conoce una respuesta, sabe lo que desconoce.

La sabiduría es su sensación de que "sabe", una sensación intuitiva que ha experimentado muchas veces. Por ejemplo, cuando aprende a manejar un vehículo, jamás vuelve a olvidarlo. Puede dejar de manejar durante muchos meses o incluso años, luego se sienta detrás del volante y maneja perfectamente adonde desea dirigirse. La sabiduría es el conocimiento interior que le permitió manejar sin tener que volver a aprender a manejar desde cero otra vez.

Esta sensación de saber, o sabiduría, existe en todos y cada uno de los aspectos de su vida. Se dan momentos en que simplemente "sabe" lo que es apropiado para usted o cuando "sabe" que puede hacer alguna cosa. Esto es algo muy diferente a tener que pensar y reflexionar para buscar una respuesta. Para demostración de la diferencia, piense en un viejo amigo. ¿Necesita tener razones para saber *por qué* ama a esa persona? ¡Por supuesto que no! Su sensación de "saber" le dice a quién amar y a quién evitar. Simplemente, lo sabe. Ahora, piense en alguien que le es indiferente. Si es honesto consigo mismo, posiblemente sea capaz de hacer una lista con 10 características positivas de esa persona. Si no lo puede hacer usted, apuesto que otra persona sí lo logra hacer con alguien más. El punto es el siguiente: si puede hacer una lista de los rasgos positivos de una persona, ¿por qué entonces no le gusta ésta? Simplemente porque su sentido de "saber", su sabiduría, sabe lo que es mejor para usted. Su sabiduría es considerablemente más poderosa y omnisciente que su mente pensante.

Ya dije que sus pensamientos no son realidad. Sin embargo, si esto es así, ¿a cuáles pensamientos debería prestarles atención y cuáles evitar? Muy sencillo: escuche su sabiduría, su sentido de "saber". He aquí un ejemplo: usted está de mal humor y ha estado contemplando el pensamiento siguiente acerca de su cónyuge: "¡Vaya malcriado(a)!" ¿Desecha este pensamiento o no? La respuesta es sí. Al desechar este pensamiento negativo, evita tener cientos de pensamientos desagradables adicionales acerca de su cónyuge, lo que impedirá que le bajen los ánimos y que interfieran con su sabiduría! Al desechar el pensamiento, evita que *se sienta mal*, lo que exactamente sucedería si continúa pensando negativamente acerca de su cónyuge. El cómo se sienta es una función de sus pensamientos. Si piensa negativamente de su cónyuge, sufrirá usted, no él o ella. Al mantener una sensación positiva en su vida sin dejarse seducir excesivamente por sus pensamientos negativos mantiene la puerta abierta a su sentido de "saber". Siempre que esté en un estado de sensaciones positivas, su funcionamiento saludable, su sabiduría, estará activada.

¿Y qué hay si mi cónyuge en realidad es un(a) malcriado(a)? ¿Qué pasa si estando en un estado mental más feliz, algo dentro de usted le dice que algunos cambios deben realizarse? ¡Estupendo! Ésa es su sabiduría interna que está activada. Por lo que más quiera, escuche esa voz y actúe con base en lo que dice. *La sabiduría es la voz quieta que le habla cuando se siente bien, cuando está feliz, cuando está centrado.* En este caso, es su sentido de "saber" el que dice que algo necesita cambiar en su matrimonio. Este sentido de "saber" *ciertamente no se* generó por tener pensamientos negativos acerca de su cónyuge y menos aún se le presentó por sentirse usted mal. La sabiduría jamás proviene de la negatividad, ni tampoco existe cuando su mente está llena de pensamientos negativos. Su sabiduría viene de aquietarse, de desechar sus pensamientos negativos (a pesar de que esos pensamiento se referirán a su cónyuge) y de escuchar ese "saber" interior. El proceso es idéntico y *siempre* está disponible para usted cuando se aquieta y se abre a él. Su sabiduría *siempre* le hablará si se cumple con una sola condición: *Deseche todo pensamiento negativo que rodee el asunto y aquiétese.* La respuesta aparecerá.

William James, el padre de la psicología moderna dijo: "La sabiduría es ver algo de manera inusual". La sabiduría es mirar un problema viejo en forma nueva, fresca. Cuando descubre la sabiduría en su vida, se liberará de patrones fijos y habituales al pensar y adquirirá la habilidad para conducirse hacia una vida de felicidad y de paz interna. Su sabiduría es todo lo que necesita. Se volverá el timón que le dice cuándo avanzar y cuando retroceder, escuchar y esperar por una respuesta.

Las personas "sabias" de toda la historia siempre fueron aquellas que vieron que la vida era real, y que los problemas eran "una ilusión", creados por el pensamiento. Estas personas saben que fabricamos y que inflamos los problemas fuera de proporción debido a nuestra habilidad para pensar. También han sabido que si traspasamos los límites de nuestra propia forma de pensar, podemos encontrar respuestas a lo que buscamos contestar. Esto, en pocas palabras, es la sabiduría: *Es la habilidad para ver una respuesta sin tener que pensar en una.* La sabiduría es esas expresiones de "¡Ajá!" o "¡Pero eso es obvio!" que la mayoría de nosotros solemos tener muchas veces. Muy pocas personas parecen entender que esa voz siempre está disponible en nuestro interior. La sabiduría realmente es un sentido interior de "saber". Se reduce a ver la vida nueva y fresca, momento a momento. La sabiduría es auténtica salud mental, un estado mental pacífico en el que las respuestas a preguntas son tan abundantes como los problemas que detecta cuando no está experimentando la sabiduría. Se diría que tiene su asiento en el espacio existente entre sus pensamientos y aquellos quietos momentos en que su "computadora biológica" está desactivada.

El inicio para encontrar su sabiduría es comprender su habilidad para pensar. Cuando se da cuenta que usted también es un pensador de sus propios pensamientos, se libera a sí para preocuparse y absorberse menos con el contenido específico de su forma de pensar. Esto, a su vez, lo capacita para dar un paso atrás y obtener perspectiva ante su propia forma de pensar, bajar el ritmo de desarrollo de su mente y encontrar respuestas que busca.

La sabiduría es su funcionamiento saludable en acción. Es una herramienta que puede utilizar para guiarse en la vida. La sabiduría es más útil y poderosa que su pensamiento "normal". Es posible contestar a las pregunta que puedan planteársele. Siempre que se encuentre enfrentado a un problema o asunto, aclare su mente, aquiétese y pídale a su sabiduría que responda a su inquietud. Se sorprenderá ante lo que recibirá.

Capítulo 6

Los pensamientos crecen con la atención

꙳

Haga uso de su propio sentido común para contestar a la siguiente pregunta: si las sensaciones negativas las causa el pensamiento negativo, ¿qué provecho puede obtenerse de analizar las partes negativas de su vida? Si invierte mucho tiempo repasando problemas potenciales en su mente, revisando "lo que está mal", pensando y hablando acerca de problemas, hay dos cosas que *seguramente* llegarán a suceder. Primero, ¡será un experto en sus problemas! No digo que será un experto en *resolver* sus problemas, sólo en *describirlos*. Segundo, estará creando el escenario para experimentar infelicidad. En esto, existe una ley fundamental que estará activada: ¡los pensamientos crecen con la atención! Cuanto más se enfoque y se preste atención a la forma de pensar y a los pensamientos, tanto mayores se volverán esos pensamientos en su mente —y tanto más importantes y significativos parecerán.

Si ahora mismo, le pidiera que pensara en algo que le preocupa, probablemente me daría una respuesta. Si exploro su respuesta con usted, y le pidiera que describiera eso más a fondo y especuláramos acerca de qué más pudiera ir mal al respecto, le habría llevado a mayor profundidad en su dolor. Cuanto más específico y detallado se expresara, mayor sería el problema en su mente. Créalo o no, ¡ése es precisamente el proceso que siguen muchas terapias que tienen por finalidad que usted se sienta mejor al final!

Ahora, retrocedamos un poco. Hace unos instantes, usted estaba bien, no estaba pensando en su problema. Ahora, con mi ayuda, describe un suceso doloroso como si realmente le estuviera sucediendo en este momento. Pero no está ocurriendo —excepto en su imaginación, en sus pensamientos—. No afirmo que no sea importante *reconocer* un problema real. Pero el reconocimiento de uno sólo toma unos instantes y se requiere hacerlo una vez. Comprometerse a resolver un problema es algo importante igualmente —pero esto también toma poco esfuerzo o tiempo—. Tiene importancia saber que reconocer es muy diferente a repasar, analizar y comprobar.

Wayne Dyer nos recuerda que "usted vive la vida que imagina vivir". Su pasado ahora sólo es una creación de su imaginación, de la misma manera que lo es su futuro. El único momento que es "real", es ahora. A medida que reconoce la poderosa parte que su forma de pensar tiene al crear su experiencia, empieza a darse cuenta que la "vida" no es la responsable de su felicidad o infelicidad, sino que son sus pensamientos. Esto constituye un poderoso conocimiento porque sugiere que sólo usted es capaz de cambiar su propia vida. Ralph Waldo Emerson dijo en cierta ocasión que "el ancestro de toda acción es el pensamiento". Debe darse cuenta de que para volverse una persona feliz, primero debe imaginar que es posible.

La manera en que se sienta está determinada por sus pensamientos. Cuanta más atención le preste a *cualquier cosa* que sea negativa, peor se sentirá. Nuevamente, le pido que haga uso de su propia sabiduría y sentido común para decidir si me cree o no. A pesar de la idea popular de hablar y trabajar para superar las emociones negativas es buena idea, le sugiero que el sentido común afirma otra cosa distinta. La gente ha "trabajado" interminablemente sus emociones negativas durante años y muy pocas personas están hoy en mejor estado de lo que estaban cuando empezaron, en tanto que muchas más están peor. Las preguntas a plantearse (y a su terapeuta) son: ¿cuándo se (el análisis) detendrá? ¿Cuándo será suficiente? ¿Cuándo me sentiré mejor? Un paciente mío me comentó en cierta ocasión: "Luego de siete años, mi terapeuta tiene una piscina nueva en su casa. Yo sólo tengo la satisfacción de saber articular mis problemas mucho mejor al iniciar la terapia".

Si usted cree que sus pensamientos son "reales" (y se le estimula para que "trabaje" para superarlos), terminará con las manos más llenas que antes. Cuanto más piense, mayores y más importantes le parecerán y más habrá para "trabajar". Debido a que sus sensaciones las determina lo que piensa, por necesidad será hundido a un estado anímico más bajo. Y luego, porque estará más deprimido, pensará más pensamientos negativos que debe "trabajar". Es una espiral interminable que jamás va hacia arriba, adonde *quiere estar:* en la felicidad. Esa espiral terminará cuando decida "¡Basta!". Acabará cuando "reinicie" con un pizarrón limpio, con la mente clara, cuando se dé cuenta que lo único que mantiene su infelicidad es su propio pensamiento. Si realmente desea ser feliz, debe quitar su enfoque en sensaciones negativas y buscar la mágica sensación del funcionamiento saludable que reside en su interior.

Mary fue miembro de un grupo de apoyo a alcohólicos durante casi 10 años cuando me visitó. Si bien ya no bebía, era muy infeliz. Había aprendido a mirarse a sí misma como "una alcohólica", en todos los sentidos de la palabra. En sus palabras, "seré una alcohólica el resto de mi vida". No pasaba día sin que

Mary revisara en su mente el dolor que antes había causado a su ex familia. Su grupo de apoyo estimulaba este tipo de revisiones mentales, como medio para recordarle los daños que le causó la bebida. Se le dijo que mientras viviera, lucharía contra la tentación de beber.

Mary fue excepcionalmente rápida en aprender el nexo de unión que hay entre sus pensamientos y la manera de sentirse. Hizo conciencia de qué tan mal se sentía al pensar en beber y cuánta culpabilidad tenía al recordar su pasado. Por fortuna, también se dio cuenta de lo bien que había aprendido a sentirse cuando no pensaba en su alcoholismo. En esos momentos, se sentía muy agradecida por lo que ella calificaba como "segunda oportunidad en la vida". Con el tiempo, Mary aprendió que la razón de que hubiera empezado a beber era de que se consideraba persona extremadamente vacía e insatisfecha. En sus palabras: "No nos asombremos de que la gente tenga tantos problemas para abandonar el alcohol —es todo lo que se piensa de él".

Mary experimentó con desechar pensamientos acerca de sí misma como "alcohólica", tan pronto como se le presentaban. Los consideró pasajeros en vez de realidades que debía "trabajar". Se percató que sus periodos de vaciedad se redujeron más y más y en los momentos en que no se sentía vacía, tenía mayor alegría. Echaba mano de su funcionamiento saludable, esa parte que siempre está allí, pero que algunas veces cubrimos con pensamientos negativos o autoderrotistas. Aprendió que en ausencia de pensamientos negativos, su funcionamiento saludable pronto se manifestaba. El resultado fue que el simple hecho de saber qué no debía hacer (enfocar su mente en pensamientos negativos) fue suficiente para dar un giro total a su vida. Se dio cuenta de que estaba "motivándose" positivamente con sus propios pensamientos acerca de sí misma. Además, su problema de beber no le causaba infelicidad, ¡más bien había sido su infelicidad la que causó el problema de bebida! Lo que Mary necesitaba era amor y compasión por sí misma, no torturarse internamente. Continuó con la práctica de desechar pensamientos negativos. Con la práctica, su fe en su funcionamiento saludable creció y se sintió mejor cada vez.

Mary aún asiste a las juntas de apoyo ocasionalmente. Entiende que las intenciones de los miembros del grupo es positiva y que el apoyo de amigos es una buena ayuda. Le da pena que muchos participantes estén "dándose de topes" por sus propios pensamientos, pero son inocentes, lo hacen en un intento por ayudarse a sí mismos y a los demás. Su enfoque a la parte bella de su vida (en vez del dolor) ha creado un nuevo estado anímico positivo en todo el grupo. Me comenta que "la seriedad ya no existe en el grupo, la sustituye la risa".

La detección y solución de problemas

Tony se presentó en mi consultorio para recibir ayuda en el manejo del estrés. Decía: "causa mi depresión". Al preguntarle qué actividad profesional ejercía, me dijo ser "especialista en detectar y solucionar problemas" en una compañía de computación local. Tony había sido certero al describir dos cosas, el título de su puesto y su *manera de vivir la vida.* Poco se imaginaba que él, al igual que lo hacen tantos otros, estaba "detectando y solucionando" su propio camino hacia la infelicidad y la depresión.

Detectar y solucionar problemas es una manera de vivir la vida para muchas personas. Esta manera significa estar alerta y detectar "qué está mal", encontrar fallas y defectos, buscar imperfecciones, señalar peligros, hallar equivocaciones, generar preocupaciones, ser escéptico y recordar errores. Para una empresa de computación, esto puede ser algo muy importante, para una vida humana, es devastador.

Esta manera y actitud personal de vivir es una forma aceptada socialmente como enfermedad mental entre especialistas. Muchas personas están orgullosas de su habilidad para predecir problemas potenciales, ver fallas en otras personas y recordar equivocaciones pasadas. Se llaman a sí mismas "realistas". Creen que su habilidad para detectar fallas es necesaria e importante. Racionalizan su comportamiento y forma de pensar al decir cosas como "deben aprender de tu historia" y "alguien tiene que estar al pendiente de los problemas". Era Tony, en esencia.

Los detectores y solucionadores de problemas con frecuencia crían a hijos con muy baja autoestima. Están siempre tan ocupados señalando las formas en que podrían "mejorar" que olvidan totalmente disfrutar su presencia. Los niños con frecuencia interpretan la actitud de estos padres como señales de "no soy lo bastante bueno". De forma similar, los detectores y solucionadores de problemas igualmente tienen baja autoestima. En vez de experimentar "lo que es" en su vida, están ocupados sin descanso pensando formas para mejorar sus experiencias. No importa lo bien que se desarrolle su vida, constantemente desean más.

Alguien con estas características mentales *nunca* puede estar satisfecho consigo mismo, porque está utilizando su forma de pensar en contra de sí mismo. Está tan ocupado evaluando su vida que no la goza. Se concentra en la más ligera imperfección detectada y la transforma en algo enorme. Incluso si le gusta algo lo compara con algo que afirma gustarle más.

Afortunadamente, Tony tuvo la capacidad de verse a sí mismo como un "detector y solucionador de problemas" muy pronto. Aprendió a desechar sus pensamientos detectores y solucionadores de problemas, a medida que aparecían en su mente. Se asombró de lo mejor que se sentía y cuánta mayor energía tenía, sin tener presiones mentales, ni tratar de mejorar todo lo que percibía. Su relación familiar mejoró notablemente, no sólo porque su familia agradecía el cambio y sentía aliviada sus nuevas perspectivas intelectuales, sino porque (y esto es quizá más importante) adquirió la capacidad para apreciar a su familia con autenticidad por primera vez. Y ellos correspondieron a esta apreciación. Aprendió la ley de oro de la felicidad: *Es imposible sentir gratitud hacia alguien cuando se está demasiado ocupado tratando de mejorar todo*. La vida frenética de Tony bajó de ritmo significativamente y se transformó en una persona más tranquila.

Capítulo 7

Sistemas de pensamientos

Una vez que tenga una comprensión clara de la dinámica de los pensamientos, qué es, quién los crea y qué efectos tienen, estará en condiciones de aprender exactamente qué es lo que mantiene en su lugar su forma de pensar negativa, qué es lo que permea su mente.

Todos nosotros, desde niños tenemos un deseo natural que nos impulsa a darle un sentido a nuestra vida. Relacionamos hechos, comparamos sucesos y tomamos determinaciones con base en lo que experimentamos. Éste es un proceso natural. Requerimos crear al menos algún semblante de orden en nuestras vidas, necesitamos la capacidad para aprender con base en nuestros errores y en nuestras experiencias en diversas circunstancias siempre cambiantes.

La forma en que abordamos esta labor de crear un sentido a nuestra vida, consiste en organizar nuestros pensamientos en lo que se llama "sistemas de pensamiento". Un sistema de pensamiento es una unidad de forma de pensar que se contiene a sí misma, por medio de la que interpretamos el mundo. Es casi como si fueran un par de anteojos para el sol que jamás nos quitamos —y es a través de estos lentes que interpretamos el significado relativo o la ausencia de significado en todo lo que nos hallamos expuestos durante la vida. Por ejemplo, si crecimos en una familia en donde se le daba un enorme énfasis al dinero, en donde prácticamente en cada comida el tema de conversación se centraba en el dinero, se tendrá almacenada esa información en el sistema de pensamiento. Por eso, se estará predispuesto a atribuir una enorme importancia al dinero. Quizá, cuando alguna amiga le pida que la acompañe de compras, se sorprenda pensando "¿cuánto dinero gastaré?" o "¿cuánto dinero necesito llevarme?" Es un proceso muy sutil porque se vuelve "normal" para usted en su forma de ver la vida de cierta manera. Porque su sistema de pensamiento está compuesto exclusivamente por cierto tipo de informaciones, simplemente nunca cuestionará su forma de ver la vida, ya que le parecerá la más correcta.

Permítame aclarar algo. No existe nada qué reprocharle a su sistema de pensamiento. La manera en que lo desarrolló fue totalmente inocente. Simplemente, se le dieron un juego de hechos que se le presentaron como "la verdad". Y, a menos de que sea una excepción muy rara de la especie humana, usted se tragó esa información, con carnada, anzuelo, flotador y línea. ¿Qué más podía hacer? Sólo era un niño o niña ansiosa de experimentar y aprender en la vida. Cuando sus padres u otros modelos importantes le dieron información la aceptó sin cuestionarla. Con el tiempo, usted alamacenó esas llamadas "verdades" en su memoria, hasta que ya no pudo ver la vida de otra manera. Debido a que su forma de pensar le está diciendo la verdad acerca de la vida, desarrolló respuestas condicionadas que le parecen apropiadas. Un ejemplo de esto podría ser su tendencia a sentirse amenazado o defensivo cuando alguien le hace una sugerencia. Nada inherente en las palabras que las personas utilizan para hablar con usted le hacen sentirse así, es su sistema de pensamiento el que interpreta las palabras y les confiere un sentido particular. Con el tiempo, usted (y todo el mundo) crea relaciones de "causa y efecto" entre eventos y reacciones que solemos calificar de "naturales". Así, en vez de decirse a sí mismo, "vaya que me pongo a la defensiva por nada", dirá algo semejante a "sólo es natural que me sienta defensivo". Todo ser humano, no importa que tan sabio o feliz sea, tiene por lo menos algunas causas "fabricadas" y relaciones de causa y efecto que calificará de "nor-

males". Casi todos diremos cosas similares a "también tú te eno-
jarías si..." y casi nadie se da cuenta de que tales afirmaciones no
necesariamente son verdaderas. Cuando algo NOS irrita, parece
que el motivo o causa es universal e irritaría a todos por igual. Se
requiere mucha comprensión y humildad para darse cuenta de
que "irritado" es una derivación de nuestra forma de pensar y no
característica de las cosas que pensamos. Hace falta mucha
sabiduría para darse cuenta de que las "respuestas condicionadas" sólo son eso, condicionadas, que se aprendieron, que fueron
"creadas" en su interior por su forma de pensar.

Para complicar todavía más esto, los sistemas de pensamiento
tienen una tendencia muy fuerte, casi insidiosa, para autojustifi-
carse. Debido a que su sistema de pensamiento está lleno de informaciones de su pasado, busca ejemplos para probarse a sí
mismo que está "en lo correcto". Por ejemplo, supongamos que
se crió en una familia en la que se aceptaba como "normal" que la
gente, en general, fuera egocentrista. Sus padres constantemente
señalaban los defectos de las personas, sus malos hábitos,
tendencias egoístas, etcétera. Si esta creencia estaba en su sistema
de pensamiento, tendría la tendencia a tomar nota de la gente
que se abre paso con agresión, la que se cuela en filas, robándose
entre ellas y ser más recipientes que dadoras. Sin embargo, si se
crió en una familia en que se enseñó que las personas son ama-

bles y esta creencia embebe su sistema de pensamiento, tendría una manera de ver la vida muy diferente a la señalada antes. Tendería a darse cuenta de lo bueno que hay en las personas, las cosas amables que hacen unos a otros, cómo se une la gente al sufrir algún evento traumático, etcétera.

Tome nota que uso la palabra "tendencia" al describir lo que ve a resultas de su sistema de pensamiento. No insinúo que jamás vea lo bueno en las personas si se le enseñó a mirar sólo lo malo —o de que nunca viera lo malo si se le enseñó lo opuesto—. Sólo digo que usted está predispuesto a tomar nota de aquello que le enseñaron a ver.

Cuando se mira objetivamente, se puede notar la inocencia que impregna el desarrollo de un sistema de pensamiento. Puede seguirle el rastro a su sistema de pensamiento durante muchas generaciones, hasta sus abuelos y bisabuelos y, a veces, mucho más allá. En un sentido muy realista, usted ve aquello que se le enseñó mirar. Con el tiempo y pasando por muchos años de *valuaciones* y percepción selectiva, usted sacó una serie de conclusiones de la vida. La suma total de todas esas conclusiones es lo que se llama su actitud ante la vida.

Su actitud puede resumirse como una serie de pensamientos que ha llegado a creer que son la verdad. No existe nada que mantenga en su lugar su actitud, aparte de su personal forma de pensar. Su actitud no son sus genes, porque si lo fueran, su postura sería similar a los restantes miembros de su familia, de la misma manera que lo son el color de cabellos u ojos. La actitud no se debe a sus circunstancias porque si así fuera, las actitudes positivas estarían unidas a circunstancias difíciles. Todos sabemos que ése no es el caso. Existen muchos ejemplos de personas que viven en lo que se suele calificar de circunstancias "fáciles" y que actúan como si fueran eternas víctimas y existe igual cantidad de personas que parecen no tener nada en la vida y, a pesar de todo, parecen estar encantadas tan sólo por contar con el don de la vida.

Debido a esta naturaleza autojustificadora de nuestro sistema de pensamiento, siempre es grande la tentación de continuar pensando de la misma manera que acostumbramos. Después de todo, usted también está predispuesto a seguir cierta forma de pensamiento. No obstante, estar predispuesto no forzosamente significa caer en trampas. Existen muchas personas delgadas que tienen predisposición a la gordura y hay muchas personas que están predispuestas a contraer demasiadas enfermedades pero que jamás se enferman y hay miles y miles de personas predispuestas a la infelicidad y son felices, productivas. Una vez que se dé cuenta de lo frágil que es el cemento que mantiene en su lugar su forma de pensar puede empezar a desconfiar de sus pensamientos.

Ellos no están basados en la verdad absoluta, están contaminados por su sistema de pensamiento —su versión muy particular de lo que es la vida, de la misma manera que mis pensamientos están contaminados por mi versión personal de la vida—. La diferencia entre una persona feliz y una infeliz, en muy amplio grado, está en la humildad que ambas tienen. Una persona feliz es capaz de admitir ante sí misma que hay formas de ver la vida personales que no son del todo válidas. Y no es que su manera de ver la vida *no* tenga méritos, pero una persona feliz comprende que esa actitud fue fabricada por él. En otras palabras, está basada únicamente en la percepción selectiva y la experiencia acumulada. Por otra parte, una persona infeliz es mucho más terca. Absolutamente convencida de que su forma de pensar realmente tiene un significado y valor, está determinada a probarlo siempre. Demostrará (a expensas de su propio bienestar) que la vida realmente es tan mala como él o ella afirma que es. Señalará infinidad de ejemplos para probarlo y claro, estará en lo correcto... en su caso personal.

Imagine que en el fondo del océano existiera un gran tapón y que lo retirara del desagüe. ¿Qué sucedería? El tapón saldría disparado inmediatamente a la superficie, todos sus instintos naturales lo lanzarían hasta allí y lo harían en línea recta, salvo si algo interfiere. En el caso del supuesto corcho, podrían ser algas, corales o rocas las que le impidieran llegar a su destino.

Su funcionamiento saludable es como ese corcho imaginario, excepto que está ubicado en el centro de su ser. Su funcionamiento saludable no desea nada mejor que saltar a la superficie en la forma de una alta autoestima y una vida feliz. Su funcionamiento saludable hará exactamente eso, a menos que algo interfiera —y la única fuente potencial de interferencia es su pensamiento negativo—. Deseche los pensamientos negativos acerca de sí mismo y su funcionamiento saludable empezará a cumplir con su misión.

El ego

El concepto de ego está muy estrechamente relacionado con el de "sistema de pensamiento". Ambos son creados por el pensamiento. La verdad es que los seres humanos ni siquiera tienen ego, no existe tal cosa. Las personas sólo tienen ego porque creen tenerlo. Su ego es su idea (pensamientos) de lo que usted cree ser. La noción popular de que las personas necesitan un ego para vivir y tener éxito en la vida es falsa. Sólo empezaremos a apreciar verdaderamente quiénes somos cuando suavicemos nuestra necesidad de ponernos a prueba. A medida que dejamos alejarse los pensamientos de quienes creemos ser, nuestra seguridad en nosotros mismos aumenta. Entonces podemos vivir *fuera* de nuestros sistemas de pensamiento o ego y establecemos la conexión con nuestro funcionamiento saludable.

Por ejemplo, George con frecuencia sentía gran inseguridad en su papel de cajero en un supermercado. Sentía que a su edad su carrera debía estar mucho más avanzada de lo que su puesto actual indicaba. Cuando los clientes se enojaban por esperar en la fila para pagar, George incorporaba ese comportamiento en su forma de ser y sentía que los clientes no lo respetaban como persona. Sentía que lo miraban por encima del hombro por ser sólo "un cajero de tienda". Su respuesta habitual era enojarse y ponerse a la defensiva con los clientes. Esta respuesta de George, por supuesto que irritaba a los clientes, reduciendo sus ánimos, causándoles mayor frustración. La inseguridad de George aumentaba cualquier suceso en la tienda (las largas filas ante la caja) una proporción desagradable para todos los involucrados. Hablaba cortante con los clientes y actuaba como si fuera víctima. George buscó ayuda cuando su irritación creció hasta el punto de que empezó a sentir que su puesto de trabajo estaba en peligro.

En mis sesiones con él, George aprendió cómo la gente sin saberlo se ve atrapada en la inseguridad generada por tener que probarse a sí misma y a los demás una falseada idea determinada. Decidido, dejó de pensar tanto en sí mismo y se le abrió la posibilidad de verse menos atado a los pensamientos creados por una imagen de importancia personal. Cuando se le presentaban en la mente pensamientos acerca de "quién soy" y "quién debería ser", en vez de concentrar su atención en ellos, como solía hacerlo antes, empezó a dejarlos alejarse de sí y a desecharlos.

Pronto aprendió que sin tener esa presión tenía la capacidad de realizar su trabajo sintiendo mucho menos estrés. Gradualmente, empezó a darse cuenta de que sus clientes ya no lo irritaban. Más bien, empezó a sentir placer por su trabajo que a temerlo.

A medida que una persona desecha patrones de pensamiento de inseguridad, empieza a experimentar su sensación de autoestima natural, una sensación de gratitud por lo que se es, en vez de por lo que se hace. Sin la presión de verse obligado a mantener un ego (lo que pensamos ser), adquirimos más capacidad para tranquilizarnos y disfrutar lo que suceda o se esté haciendo en el ahora. Es sorprendente la capacidad para "sentirnos afectados positivamente" por las pequeñas cosas de la vida que solían pasarnos desapercibidas antes. También nos empezamos a dar cuenta de que nos sentimos más felices cuanto menos pensamos en nosotros mismos.

No se preocupe porque pudiera suceder que al desechar su ego de su vida, se pudiera transformar en alguien pasivo o apático. No sucederá. De hecho, es justamente lo contrario lo que ocurrirá. Porque a medida que se libera a sí mismo de la esclavitud de su estructura de creencias limitadoras, se interesa más en la vida y todo lo que ofrece. Desechar su ego le permite ver nuevas opciones y alternativas que antes eran invisibles. Por ejemplo, si desecha la idea de ser "tímido", se dará cuenta que realmente le gusta comunicarse con otros. Una paciente hace poco decidió hacerlo y poco después se comunicó que planeaba hacer su primera fiesta. Si ignora, aunque sea un poco, los pensamientos de qué le gusta y disgusta acerca de sí mismo, se hallará dispuesto a tratar de realizar cosas nuevas, asistir a algún curso, iniciar un programa de ejercicios, probar la comida de un nuevo lugar, etcétera. Todo se inicia con base en una disponibilidad de verse a sí mismo como algo más que lo definido como yo.

Capítulo 8

El hábito de pensar

Ya sea que se trate de abandonar el hábito de beber o fumar, reducir la cantidad de comida, eliminar el café o el azúcar, o dejar de comerse las uñas, ¡todos los hábitos son difíciles de romper! Sin embargo, el hábito que es el más difícil de romper *y también* el más dañino a su estado emocional, es el que quizá menos se nota. Al que me refiero es: el de pensar negativamente. Se pueden amarrar los brazos en la espalda para impedir que se coma las uñas, puede aislarse del alcohol o el tabaco para quitar su disposición, puede soportar unos cuantos días de dolores de cabeza y cansancio para alejarse del café, pero ¡nunca se puede dejar de pensar! Pensar es como traer anteojos que jamás se quita porque deja de ver, los lleva puestos siempre y adondequiera que vaya.

Como ya vimos, pensar es tan natural que es muy fácil olvidar que se hace. Cuando se empieza a tomar conciencia que activamente se está pensando, se siente uno impresionado por cuántas veces el contenido del pensamiento es negativo. Mis pacientes me han comentado (una vez que empezaron a prestar atención) que más del 90 por ciento de su forma de pensar era "de alguna forma negativa".

¿Qué tipo de forma de pensar es negativa?

Ésta es una pregunta muy importante porque muchas personas están tan habituadas a pensar negativamente que no se dan cuenta siquiera de qué es "negativo". En su lugar, suponen que es "lo normal". Sin embargo, el hecho es que cualquier pensamiento o forma de pensar que lo haga sentirse menos contento que antes de empezar su tren de pensamientos debe considerarse negativo. Esto incluye (pero por ningún motivo limita) todos los pensamientos relacionados con que tan mal están las cosas, la cantidad de problemas que quedan sin resolver, tratar de averiguar por qué algo no está bien o por qué alguien hizo algo que no merece su aprobación, cualquier tipo de "diálogo mental negativo", etcétera.

La mayoría de nosotros estamos habituados a leer, mirar o escuchar las noticias del día. Nuestra forma de pensar tiende a copiar estos informes. Nuestras mentes revisan problemas pasados y futuros, nuestras preocupaciones y mortificaciones, y especulamos en lo mal que están las cosas realmente. Obviamente, necesitamos un poco de planeación y revisión para tener una vida efectiva. Si se está consciente del hecho implicado en estas actividades mentales y conoce las consecuencias probables de tal actividad mental, está ampliamente protegido contra los efectos negativos. Sin embargo, si se deja arrastrar a actividades mentales similares sin percatarse de qué es lo que está causándose, se hallará a merced de su propia forma de pensar. Debido a que este tipo de forma de pensar es negativa, su estado anímico continuará cayendo o seguirá bajo. Cuando entiende y es capaz de ser observador de esta dinámica en acción, estará en posibilidad de elegir qué pensamiento seguir y cuál ignorar. Creará un nuevo hábito al pensar sólo en cosas que verdaderamente sirvan y aprenderá a ignorar otras.

Este "pensar selectivamente" no es "negación" ni "apatía". Negación significa "pretender que". Usted no pretende nada. Reconoce los problemas que hay en el mundo y aquellos que están en su propia vida. Simplemente, está eligiendo no entretenerse en los pensamientos negativos que pueda tener de la vida porque sabe qué sucedería si lo hace.

Su experiencia de la vida está directamente relacionada adonde elige enfocar su atención. Si la enfoca en "problemas", su experiencia de la vida será consistente con ellos. No tendrá capacidad para notar la belleza que le rodea. A medida que aprenda a quitar su atención de sus problemas y las maldades del mundo y de su vida, hallará más bellezas y amabilidades. Esto es exactamente lo que los niños de corta edad hacen habitualmente. Viven en el mismo mundo que están los adultos, sólo que toman nota de distintos aspectos. Ven humor, compasión y oportunidades.

Usted puede elegir amor en vez del miedo

¿Qué significa "elegir amor"? Significa que usted decide que la sensación de paz y contento es más importante que "estar en lo correcto". Significa "resolución instantánea" en vez de sentimientos de frustración. La elección de la senda del amor significa que le satisface la sensación sencilla y pacífica de su funcionamiento saludable, que representa todo lo que en última instancia desea en su vida. *La vida no necesita ser mejor para sentir la sencilla experiencia de su propia salud mental.* La única justificación racional para elegir la senda del pensamiento negativo sería algún concepto erróneo que indicara que al hacerlo, obtiene algún tipo de satisfacción. La satisfacción que busca está disponible cuando conscientemente decide que desea paz mental ahora y que está dispuesto a renunciar a pensamientos que la impiden. Lo único que debe hacer para descubrir su funcionamiento saludable es desechar su forma de pensar que está interfiriendo en la senda.

Escoger el amor no es "negación". ¿Qué otra cosa negaría que no fuera la fuente de su sufrimiento? Nada. Usted decide con conciencia que NO proporcionará el único combustible que tiene su dolor. Sin "alimentar" el pensamiento negativo, su dolor emocional desaparece —y con su desaparición tiene una nueva sensación, la de su funcionamiento psicológico saludable, la del amor—. Cuando escoge el amor en vez del miedo, deja de luchar contra su propia forma de pensar y se siente bien nuevamente. Algunas veces parece más fácil seguir sus malos sentimientos que hallar los buenos. No obstante, puede elegir buscarlos y quedarse con sus sensaciones más profundas, más positivas.

Esta "elección consciente" es muy práctica —aunque no siempre es fácil—. No sucede sola, usted es quien la toma. Debe querer que suceda, incluso más de lo que desea seguir esos seductores trenes de pensamiento tan conocidos pero negativos. La buena noticia es que ¡eso es todo lo que debe hacer, elegir! Una vez tomada esta decisión y con práctica la transforme en una prioridad máxima de su vida, lo restante caerá en su lugar por sí solo.

Uno de los efectos secundarios muy agradables de la elección consciente del amor en vez del miedo, es que los "asuntos" recurrentes de su vida empiezan por resolverse solos. Cada vez que tenga la oportunidad de elegir el amor en vez del miedo estará alimentando un nuevo tipo de energía en su vida, una de energía positiva y amorosa.

Seguir todo tren negativo de pensamientos que aparece en su mente es la energía "antigua" que está sustituyendo. Esta energía llena de negatividad, es lo que mantuvo vivos durante tanto tiempo los "asuntos". ¿Cómo pudo haber evitado las discusiones y conflictos con sus padres (cónyuge, hijo o patrón), si su mente estaba llena de argumentos y negatividad? No lo pudo evitar. Ahora, en vez de "escenificar" los problemas y conflictos en su mente, los manifestará como asuntos reales en su vida. Si es usted como la mayoría de las personas, se sentirá frustrado porque las mismas cosas le estarán sucediendo en su vida. Éste es el ciclo que debe romperse. La forma de lograrlo es ver los puntos de elección en su vida y entonces, decidir emprender la senda del funcionamiento saludable.

Usted tiene cientos de puntos de elección todos los días. De hecho, está en un punto de elección justo ahora, en este mismo momento, mientras lee esta frase. ¿Sigue usted los pensamientos escépticos como "es imposible que esto funcione" o utiliza este punto de elección en su beneficio (para crecer y cambiar) y estar más feliz? Con atención, puede ser testigo de la formación de sus propios pensamientos escépticos y simplemente desecharlos, regresando a su funcionamiento saludable. Este momento puede ser un nuevo inicio para usted. Elija la senda del amor en vez del miedo ¡y su vida empezará a cambiar ahora mismo!

¿Cómo saber cuánta parte de su pensamiento es negativa?

Empiece sentándose en una silla cómoda y cerrando los ojos. Aclare su mente tanto como pueda. Manténgase quieto durante unos minutos y sencillamente preste atención en lo que aparece en su mente.

Empiece a prestar atención a lo que piensa durante distintos momentos en su día: justo cuando despierta, mientras come, se cepilla los dientes, preparándose para salir de casa, sentado solo, manejando o transportándose en autobús, mientras camina, ahora mismo, etcétera.

Sin duda, se sentirá sorprendido con cuánta frecuencia alguna forma de negativismo aparece en su mente. Probablemente piense en problemas, preocupaciones, cosas que se necesitan hacer y que no quiere realizar, cosas que pueden no suceder, cosas que debió o, no quiso decir —cosas que otros dijeron y que le preocuparon, personas que no actuaron como pensó que debían hacerlo, ¡etcétera!

En el proceso de tomar conciencia de qué piensa durante el día, por favor, tómelo con calma. Como ya dije, pensar de cierta manera es un hábito. Y al igual que todos los hábitos, no se formaron de la noche a la mañana. Se invirtieron años para desarrollarlos y toma algo de tiempo romperlos.

No sugiero que nunca sea apropiado pensar negativamente o que nunca esté bien que se queje o lamente (y claro que tiene el derecho) y un poco no le hará daño. Lo que sí sugiero es que la mayoría de las personas (probablemente incluyéndolo a usted) invierten una exorbitante cantidad de tiempo inmersos en pensamientos negativos, sin darse cuenta que lo hacen. Igual que todos, usted sostiene mucho diálogo interno en su mente y no parece tenerlo por la costumbre. Es duro dejarlo de lado porque está tan habituado. Igualmente, también es parte de la naturaleza humana la mejoría en la calidad de vida. Su mente pensante siempre le recordará que "no es lo suficientemente bueno". Este empeño de mejoría, generada por su mente pensante, es insaciable. No importa cuánto esfuerzo haga, su ego nunca estará satisfecho con lo que invente o cree.

Es obvio, las circunstancias de su vida nunca serán perfectas y si cree que pensar acerca de medios para mejorar su vida (empezar diálogos internos) es "una buena idea", invertirá el resto de su vida haciéndolo. Muchas personas siguen este camino. Sostienen conversaciones consigo mismos en sus cabezas y, superficialmente, creen resolver asuntos. Estas personas le dicen a la gente (en sus mentes) lo que desearían decirle en persona si tuvieran el valor.

Si toma conciencia del hecho de que está empezando este tipo de diálogo interno y puede despertar al hecho de que lo hace, y mientras lo está haciendo se da cuenta del daño que se hace a sí mismo, estará protegido contra él. Éste es un secreto muy poderoso para transformarse en una persona más feliz. He trabajado con cientos de personas felices. *Todas y cada una de ellas* está de acuerdo que tomar conciencia y aprender a "apagar" su diálogo interior fue un factor de importancia en su desarrollo para ser una persona feliz. No permita que su diálogo interior gobierne (y arruine) su vida. Apáguelo o, al menos, cambie su dirección hacia una conversación más positiva. Con frecuencia recuérdese desechar el pensamiento negativo. Cuando pensamientos negativos llenen su mente, déjelos que se vayan, sin resistirse. Permítales irse sabiendo que no son importantes. No los enfoque. Dígase "no valen la pena". Tenga la seguridad que su diálogo interior lo hiere sólo a usted. En vez de "acompañar" sus pensamientos negativos, aquiete su mente. Busque una sensación o sentimiento más agradable dentro de sí mismo. Lo encontrará (y cuando lo sienta) la respuesta que estaba luchando por conseguir por medio del diálogo interior, se hará obvia para usted. Cuando comprenda la causa, raíz de sus sensaciones y sentimiento negativos (de dónde provienen), qué los mantiene en su lugar y se comprometa a "sorprenderse" en el acto, el resto tomará su lugar por sí solo. Aprenderá a conectarse con sensaciones más agradables dentro de sí mismo, las cuales harán que su vida se desenvuelva suavemente. A medida que su mente se aquieta, el pánico y el frenesí se desvanecerán. Las respuestas que ha buscado dentro de sí toda su vida serán tan obvias como las preguntas que se hizo.

El factor de la acumulación

Es fácil darse permiso a sí mismo de estar sin ánimos o escéptico porque puede no encontrar una conexión automática, de punto a punto, entre lo que está pensando y cómo se siente. Por ejemplo, si se dice a sí mismo "soy feliz", entonces, de inmediato se dice "ahí está, tuve un pensamiento feliz, pero ¿por qué no me siento feliz?"

Dos factores explican por qué no se siente siempre una emoción positiva correspondiente con cada pensamiento positivo. En primer lugar, preste atención al pensamiento que siguió a su pensamiento positivo. Probablemente una centésima de segundo después de su pensamientos positivo se presentó un pensamiento escéptico. He aquí el hábito que vuelve a entrar en juego. Se concede suficiente tiempo para la negatividad, la activa y desactiva durante todo el día, pero por una vez que tiene un pensamiento positivo —inmediatamente lo sabotea con uno negativo—. Es muy engañoso porque todo sucede muy rápido. Es importante tomar conciencia de que no tuvo negatividad después de pensar positivamente y que se sintió bien al pensar así.

El segundo factor que le impide sentir bienestar inmediato después de pensar positivamente tiene igual importancia. Lo llamo el "factor de acumulación". Este factor sugiere que acumula negatividad en su mente a lo largo del día y durante la vida por todos los pensamientos de su mente. Debido a la vastedad de la negatividad que se ha acumulado en su mente, llega un momento en que un pensamiento negativo "quiebra el lomo del burro". No es un pensamiento en particular el que lo vence, es la acumulación que tuvo lugar a lo largo del tiempo.

Si pudiera eliminar entre el 90 y el 95 por ciento de la inútil acumulación de pensamientos negativos, los mismos que ahora lo lanzan al tiovivo de un estado de depresión, tal acción tendría poco o ningún impacto en usted. Casi no hay un pensamiento individual que tenga tal poder, pero con cientos o quizá miles de pensamientos negativos, es sólo cuestión de tiempo para que ya no pueda manejarlos y la infelicidad o la depresión se instale. Señálese el objetivo de eliminar, tan cerca como sea posible, el 100 por ciento de su negatividad diaria. Cuanto más cerca, menos impacto tendrá cada pensamiento negativo individual en su bienestar emocional.

Algunas veces puede ser útil, en especial al inicio de la práctica, si se mantiene una bitácora o diario. Obviamente, no podrá sorprenderse el 100 por ciento de las veces que piense negativo, porque como ya vimos, el problema es que la mayor parte de la negatividad pasa desapercibida. Sin embargo, mantener una bitácora ayuda a mantenerse enfocado en el objetivo. Mantenga esa bitácora muy general. Por ejemplo, haga inscripciones generales tres veces al día. Algunas veces será algo como "esta mañana me alejé muy bien de la negatividad". Después de la comida, insertaría, "debo tener cuidado, ya me estaba dejando arrastrar otra vez", etcétera. Una bitácora puede servir de recordatorio constante de lo que está tratando de lograr. Mantenga "totales acumulados" al mínimo.

¿Cómo puedo romper mi hábito de pensar de manera negativa?

Que yo sepa, existen dos formas o medios que *aseguran* el rompimiento del hábito de pensar de manera negativa. El primero es decirle a un amigo o incluso a un consultor pagado, que supervise lo que dice por lo menos durante dos días. Pídale que lo interrumpa y detenga cada vez que cae en su antiguo patrón. Dígale que desea que no le permita decir algo negativo o autodevaluador, ningún "tengo el derecho de estar enojado" o "nunca adivinarías lo que me sucedió hoy" (si es negativo) o bien, "nunca debí haber hecho eso" o cualquiera de las literalmente miles de otras posibilidades autodevaluadoras que creamos. No se debe ser demasiado selectivo en lo que se elimina, especialmente al principio. La mejor manera de eliminar la forma de pensar negativa es esforzarse por eliminarla por completo. La idea en esto es romper con el viejo hábito de pensar de manera negativa y remplazarlo con un nuevo hábito de ignorarla. Recuerde, los hábitos y costumbres son muy tercos y difíciles de romper. Quizá se sorprenda mucho al darse cuenta con cuánta frecuencia necesita que se le interrumpa. No lo personalice y trate de mantener su sentido de buen humor. Su amigo o consultor sólo lo acompaña para saludarle. Una vez que rompa con lo difícil del hábito, puede regresar a su vida normal y las cosas serán distintas. Todavía seguirá activando su mente en la negatividad de vez en cuando, pero su experiencia de ella será muy distinta. Créalo o no, le parecerá peor. Es cierto, peor. De hecho, una vez que su forma de pensar le parezca peor de lo que era estará en vías de recuperación. La razón es ésta: habrá transformado un hábito "normal"; modificó algo que siempre tomó como totalmente normal, necesario y saludable, y ahora, en vez de verlo con esas cualidades, le suena a molesta manada de búfalos en estampida en su cabeza. En pocas palabras, SENTIR la diferencia. A medida que su propia forma de pensar empiece a sonar como un ruido escandaloso y molesto, cada vez menos tendrá interés por seguir pensando así. El resultado de esta práctica es que empezará a "apagar" la forma de pensar que tanto tiempo tuvo por *garantizada*. Sólo para que lo recuerde, evite enfocar esta eliminación como "negación". Por el contrario, ¡eso es ser listo! No está negando que tiene pensamientos, simplemente está entrenando su mente para ignorar aquello que no desea. A medida que menos y menos focalización invierta en pensamientos negativos, tendrá la realidad de menos y pensamientos negativos solicitando atención.

El otro medio es todavía más sencillo, pero también exige más disciplina. Esto lo deberá hacer solo. Necesita una tarjeta de 4 por 6 pulgadas, en ella, escriba las palabras: ¿En qué pienso ahora? Escríbalas en letras grandes y claras y lleve esta tarjeta consigo a todas partes durante por lo menos un mes. Con tanta frecuencia como sea posible, cada pocos minutos si puede, mire la tarjeta. Sé bien que suena tedioso, incluso infantil (y desde cierto punto de vista puede parecerlo) — ¡pero FUNCIONA! Si pasa por este proceso, empezará a ver con cuánta frecuencia se sabotea a sí mismo con negatividad y podrá detenerse. La idea detrás de estos dos ejercicios es idéntica. Está tratando de romper con un viejo hábito, uno que no parece serlo. A cualquiera sólo le parece "normal". La forma de pensar negativa parece normal a la mayoría de la gente, pero no tiene por qué serlo para usted.

¿Y qué debo pensar en vez de eso?

Muchas personas se asustan por lo que sucederá si dejan su forma de pensar de calidad negativa. Están demasiado acostumbradas a ella. ¿Qué forma de pensar tendrán entonces? La respuesta es muy sencilla. A medida que se sorprende a sí mismo en su forma de pensar negativa y conscientemente se propone detenerla, se dará cuenta que su mente está mucho más clara y libre de lo que jamás ha estado. Pensamientos más amables y creativos remplazarán con naturalidad los viejos. Será una persona mucho más dinámica. Tendrá apariencia fresca y nueva, de persona inspirada y de buen ánimo constante. La última cosa de la que tendrá que preocuparse es no tener acerca de qué pensar.

La única manera para describirle lo que le sucederá si detiene su forma de pensar negativa es: "SORPRENDENTE". En ausencia de esta manera de pensar, se sentirá como nuevo. Su funcionamiento saludable se hará cargo de su vida. Sus pensamientos serán diferentes, su actitud será distinta y más que cualquier cosa, la manera de sentirse cambiará para bien. ¡Lo garantizo! Simplemente, no existe manera de sentirse mal si no se está pensando mal, si tiene el control de lo que piensa.

Antes de seguir leyendo, trate de hacerlo ahora mismo. Deje que sus pensamientos fluyan solos. Si cualquier forma de negatividad entra en su mente, déjela que pase. No le dé ni la hora del día. Siga sin interés en la negatividad. Ponga su interés en su funcionamiento saludable. ¿Cómo se siente ahora?

La respuesta a la pregunta "¿Cómo se siente ahora?" depende totalmente de la forma en que piense. Si tiene pensamientos llenos de esperanza y positivismo, ésa es la manera en que se sentirá; si tiene pensamientos negativos, ésa es la forma de sentirse.

A fin de cuentas, esto es lo que sucede: se siente como piensa durante todo el día. ¿Quiere pensar acerca del sufrimiento, dolor y problemas, u opta por querer pensar acerca del amor, la amabilidad, la esperanza y los potenciales positivos? La respuesta a esta pregunta, en muy amplia medida, determina cómo se sentirá. Inténtelo. Puede funcionar para usted también. ¡Puede sentirse feliz de nuevo!

Capítulo 9

Los humores

Uno de los hechos menos negable acerca de los seres humanos es que cada quien tiene algo que designamos "humores". Nunca ha existido ni existiría alguien que no experimente las altas y bajas de humor. Hasta la persona más feliz del mundo no es inmune a este hecho de la vida. Sus humores son afectados fuertemente por su conciencia de que en potencia se lastima con su propia forma de pensar. Su nivel de humor afecta también lo que piensa acerca de sí (del humor o estado anímico), así como su habilidad para reconocer que está en un "punto de elección". Comprender la naturaleza y el increíble poder de engaño de nuestros humores le ayudará a suavizar, más que a combatir, en el esfuerzo por salir de un estado mental de infelicidad.

Los humores son como las mareas del océano. Constantemente están cambiando y moviéndose. Arriba y abajo, van y vienen. En algunos momentos, los humores son de altos vuelos, en otros muy bajos. Algunos de los humores están en alguna parte media. Y a pesar de que no parece, cuando se siente con bajo estado anímico, los humores *siempre* son cambiantes, aun si el cambio es muy leve.

Incluso si ha estado deprimido durante un periodo muy largo, probablemente puede recordar cómo se siente estar de buen humor. Si no se acuerda, le recuerdo lo que se siente: un buen humor o buen estado anímico se siente sano y feliz, está ligero de corazón, todo es fácil, divertido, compensador, sencillo, libre de preocupaciones y mucho más. En los estados anímicos elevados o de buen humor, se experimenta la mayor sabiduría y sentido común que se tiene. En ese buen estado y humor, se pueden resolver problemas y tomar decisiones fácilmente. Cuando se está en buen estado anímico o humor, se experimenta un sentido de gratitud por la vida, se aprecian más las personas que están cercanas. De buen humor se satisface fácilmente y no se personalizan muchas cosas.

En cambio cuando se está de bajo estado anímico o malhumor, la vida parece lo contrario. Todo nos parece muy serio y difícil. La menor inconveniencia causa gran frustración. En este bajo estado anímico virtualmente perdemos todo nuestro sentido común. Tomamos las cosas a pecho y un sentido de urgencia y desesperación tiñe todo.

Su experiencia en un bajo estado anímico es exactamente la misma experiencia que tiene en una "depresión". De hecho, excepto por la duración del humor, ambos son esencialmente idénticos. La depresión no es otra cosa que un humor dolorosamente bajo con mucha duración.

Un asunto extremadamente importante que debe ponderarse es el siguiente: ¿por qué en la mayoría de la gente los humores van y vienen, mientras que se sostienen en forma de estado de sensaciones negativas o incluso de depresión en otras? La respuesta es: usted tiene ciertos hábitos mentales que tiende a ejercitar cuando está de bajo humor, sin darse cuenta de que los practica o que le están causando problemas. Desafortunadamente, si perpetúa estos procesos mientras está de malhumor, seguirá en bajo estado anímico.

Para escapar de un estado de sensaciones negativas debe aprender cuándo se encuentra en un bajo estado anímico y evitar por todos los medios los procesos que lo mantienen en él. Si aprende a hacerlo, se hallará camino a la salida, subiendo y bajando en humores, igual que los demás, en vez de quedarse en lo más bajo.

¿Qué sucede cuando se encuentra en bajo estado anímico?

La calidad de su forma de pensar padece cuando usted está en bajo estado anímico. Cuando lo está, es predecible que pensará de forma negativa. Cuanto más bajo el humor, tanto más intensos serán sus pensamientos negativos. Los pensamientos respecto de su vida cuando está de malhumor, serán muy diferentes de los pensamientos cuando experimente un estado anímico más elevado o buen humor. Quizá la forma más sencilla para entender esta idea, es compararla con las siguientes conversaciones que sostuve con la misma persona. Éstas fueron grabadas en dos días consecutivos con un paciente en mi consulta de manejo del estrés.

Primer día:

(pensamiento de bajo estado anímico o malhumor).

Terapeuta:	—"¿Cómo está?"
Paciente:	—"Terrible, casi insoportable."
Terapeuta:	—"Leí en la sección de negocios del diario que su empresa tiene bastante éxito."
Paciente:	—"No lo diría por la forma en que nos tratan. No existe seguridad en el trabajo, de todas formas. Odio mi trabajo."

Terapeuta: —"¿No solía gustarle su trabajo?"

Paciente: —"No que lo recuerde. ¿Cómo podría, de todas maneras?"

Segundo día:

(de mejor estado anímico o buen humor).

Terapeuta: —"¿Cómo está?"

Paciente: —"Bien, ¿cómo está usted?"

Terapeuta: —"Muy bien, gracias. Mi esposa espera que pronto nos nazca otro hijo. Estamos verdaderamente entusiasmados".

Paciente: —"Eso está muy bien, me gustan los bebés".

Terapeuta: —"Por cierto, leí otro artículo en el diario de hoy acerca de su empresa. Parece que va a donar dinero en esta temporada de vacaciones".

Paciente: —"Sí, formo parte de ese programa. Estamos desviando un pequeño porcentaje de dinero antes de impuestos a una agencia local de servicios".

Terapeuta: —"Parece que es algo que le satisface".

Paciente: —"Sí, me gusta".

Éste es un ejemplo del poder de los humores. Créalo o no, este tipo de conversaciones son muy comunes, no sólo en ambientes profesionales, sino que en la vida diaria. ¿No le parecen conversaciones con dos personas distintas? Lo parece porque las personas literalmente ven y experimentan la vida de manera diferente en distintos humores. En bajo estado de humor, su forma de pensar siempre es tenebroso y pesimista. Si mira su pasado cuando estuvo bajo, *verá* que su pasado es doloroso. Si mira al futuro, su vida parecerá sin esperanzas en ese estado anímico. Sin embargo, es muy interesante cuando la misma persona mira su pasado en estado anímico más elevado, parece mucho más feliz. Es la misma persona, con el mismo conjunto de hechos, pero se ve de manera distinta. Lo mismo es verdadero respecto del futuro. Mientras se desespera en bajo estado anímico, el mismo futuro se ve más brillante y esperanzador en un estado anímico elevado o de buen humor. Cuanto más elevado el humor, tanto más esperanzador parece.

La razón para que grabara las conversaciones con mi paciente fue demostrarle la calidad engañosa de sus propios humores, para demostrarle cuánto distorsionaban sus humores su visión de la vida. En términos de escapar de la infelicidad, el punto importante en esto es muy sencillo: los pensamientos negativos que llenan su mente en un bajo estado anímico son *la causa* de su sufrimiento —y esos pensamientos casi siempre contienen grandes distorsiones—. Cuando reconoce el inevitable efecto de la forma de pensar negativa (sentirse mal), se puede empezar a desconfiar y a ignorar que se está pensando en la misma forma que ignoraría un espejismo en un desierto. Esto es, cuando se entiende que sólo es un espejismo —o un malhumor—. Cuando mi paciente escuchó su propia voz, se le hizo obvio algo: "¡Válgame, no puedo creer que ése sea yo!" dijo con tono impresionado. Sin embargo, mucho más importante fue el hecho de sentir, por primera vez en su vida, su forma de pensar al estar de malhumor o en bajo estado anímico y que siempre había sido "patético" (fue su palabra). Se dio cuenta que creer su propia forma de pensar en ese estado, era "una locura", una prescripción escrita por él mismo recetándose dolor y sufrimiento. Me dijo que "creer mis pensamientos cuando me siento mal, tiene tanto sentido como creer en lo dicho por una persona con serio daño cerebral". Lo que quería decir era: cuando se está bajo, simplemente no puede verse la vida con claridad. La visión de la vida se distorsiona. Se está en mucho mejor posición al aclarar la mente y "apagando" la forma de pensar.

Lo que vuelve tan difícil entender los humores es que cada vez que estamos de malhumor, se siente uno muy justificado y seguro de que la manera de sentir es apropiada y necesaria.

Habrá un sentido de urgencia y de estar en lo justo, además de aferrarse con todo lo que se tiene en los pensamientos. La única manera para salirse es ver lo completamente absurdo de creer en lo que se está pensando y sintiendo cuando se está de malhumor y con bajo estado anímico, y entonces, crear un compromiso de ignorar sus propios pensamientos. Usted debe entender que sus pensamientos al estar en un bajo estado anímico carecen de valor para que les preste atención. Sólo pueden lastimarlo. Contienen burdas distorsiones el 100 por ciento de las veces. Una vez que esté convencido, tomará conciencia de la aplicación que puede tener en su vida. Sabrá que la vida siempre se verá mejor si la deja tranquila, por el momento.

Si no le convence lo que ahora lee, empiece a observar a la gente que conoce. Pregúnteles cómo se sienten cuando están malhumoradas o en bajo estado anímico y registre sus respuestas. Vea también cómo resuelven sus problemas, cuan claramente piensan, cuánto sentido tiene lo que hacen y cuánto amor y apreciación reciben de su familia y amigos. Entonces, compare la manera de vivir cuando está en bajo estado anímico con su vida en mejor humor y estado anímico. La próxima vez que se sientan mejor (aunque sólo sea un poco) plantéeles las mismas preguntas. Lo que descubrirá quizá lo impresione desfavorablemente. Verá que tiene dos amigos diferentes, ¡un Dr. Jekyll y un Mr. Hyde!

*Si la forma de pensar lo mantiene bajo
en su estado anímico, ¿qué puede levantarlo?*

Si no interfiere con el ritmo natural de sus humores, se levantarán y bajarán sin su intervención. Esto fue una verdad tanto para las personas vivas en el siglo XXI como lo será en el siglo XXII. Los humores son constantes, son un hecho de la vida, deben subir y bajar. No tienen opción.

Incluso las personas felices tienen sus momentos bajos. Una de las diferencias entre una persona deprimida y una no deprimida, sin embargo, es que la no deprimida acepta el hecho de tener humores. Da oportunidad para que se manifiesten estos hechos en su actitud y en su comportamiento. Dirá cosas como: "Las cosas no tienen muy buen aspecto en este momento. Mejor pregúntame luego". O bien: "En estos momentos realmente estoy de muy mal humor. No me molestes". Esta persona no deprimida sabe que es un problema temporal —se siente mal y no es nada divertido, pero también sabe que pasará si lo deja—. La marea regresa siempre.

Las personas deprimidas también tienen bajos estados anímicos y también se sienten muy mal. Sin embargo, la gracia salvadora y de la que muchas de estas personas no se dan cuenta, es que sus malhumores no son permanentes. La gente deprimida describe sus bajos estados anímicos y malhumores de manera diferente a sus congéneres no deprimidos. En vez de decir: "Las cosas no tienen muy buen aspecto en este momento. Mejor pregúntame luego", dicen: "No me preguntes. Estoy deprimido". Ahí hay un *supuesto* de permanencia que realmente no tiene por qué existir.

Es la comprensión de que los estados anímicos y humores son cosa natural, lo que le hará salir de los bajos estados anímicos. A medida que acepte el hecho de que está bajo, pero al mismo tiempo sabe que su humor se levantará por sí solo, la oscuridad desaparecerá. La verdad es ésta: usted no tiene qué hacer nada. De hecho, mientras menos haga, mejor será. Su humor *se levantará* tan pronto como deje de prestar atención a todo lo que piensa acerca de cuando está de malhumor o en bajo estado anímico, en cuanto empiece a ignorar los pensamientos y sensaciones que experimenta. No cometa el error de creer que se volverá apático si pone en práctica esta comprensión. ¡Nada menos verdadero! A medida que su estado anímico mejora y su humor es mejor, se sumirá bastante más en su vida y estará mucho más presente en ella que nunca antes. Cualquier problema "real" que pueda tener, seguramente que estará allí —pero estará mucho mejor equipado para manejarlo ahora—. No está ignorando ni su vida ni sus problemas, simplemente ignora su forma de pensar distorsionada.

Capítulo 10

La infelicidad desaparece en el momento presente

Quizá el más antiguo y sabio de los consejos para escapar de la depresión y vivir una vida más feliz es "vivir el momento presente". Prácticamente todo maestro espiritual y persona sabía que ha existido a lo largo de la historia ha sugerido esta solución. No obstante, a pesar de que muchos de nosotros hemos escuchado este antiguo y sabio consejo, e incluso estemos de acuerdo con lo que sugiere, sigue vigente la pregunta: "¿por qué es tan endemoniadamente difícil?" La respuesta es de una simplicidad sorprendente. Existen dos factores que mantienen a las personas amarradas a su pasado y especulando acerca de un futuro negativo. Ya las presenté ambas: 1. Muy pocas personas carecen de la necesidad de comprender su propia forma de pensar, y 2. Muy poca gente comprende el poder que tienen sus propios humores.

Existen muy pocas personas que entienden su propia forma de pensar lo suficientemente para poner en práctica la filosofía del "momento presente". Si usted cree que su forma de pensar es algo que le sucede simplemente (en vez de ser algo que usted *hace* para *crear* una experiencia de su vida), es *imposible* para usted vivir en el momento presente. Si siente, por la razón que sea, que debe seguir sus "trenes de pensamientos" a medida que se presenten en su mente, estará en incapacidad para mantenerse en el presente. Supongamos que está solo, leyendo un libro y repentinamente un pensamiento cruza por su mente "nunca seré capaz de..." y usted añade algo. Podría ser cualquier pensamiento, no tiene importancia alguna. Si sigue ese tren de pensamientos, ¿adónde cree usted que lo conducirá? Una sola respuesta hay: ¡al hoyo del basurero emocional! Sin embargo, si usted está consciente de que todo lo que sucedió fue que un pensamiento pasó por su cabeza (un pensamiento sencillo, inofensivo) y elige desecharlo —estará libre de sus efectos—. Por favor, no presuponga que es demasiado simplista para ser verdadero. ¡No lo es! Mirémoslo desde la perspectiva de la lógica. Un segundo antes de que le asaltara el pensamiento estaba ocupado leyendo. Entonces, proveniente de ninguna parte, un pensamiento aparece en su mente. ¿Qué tiene de malo eso? ¿Quién dice que debe tomarlo con seriedad, seguirlo e inquietarse o inmovilizarse por eso?

Nadie está obligado. Hacerlo es sólo parte de un hábito. El problema ha sido que nadie le afirmó con seguridad, hasta ahora, que no tiene por qué estar asustado o intranquilizado por sus propios pensamientos. ¿Se hubiera alterado si el pensamiento que tuvo hubiera sido algo diferente a "nunca seré capaz de...", algo como "¡cómo quiero a mi gato!"? ¡Por supuesto que no! Ya que entienda la naturaleza de su propia forma de pensar, el hecho de que usted es quien fabrica sus propios pensamientos y el hecho de que sus pensamientos son inocuos, entonces habrá creado la distancia emocional necesaria hacia su propia forma de pensar para mantener la atención fija en el aquí y ahora, el momento presente.

Si siente la necesidad de seguir cada uno de los trenes de pensamiento que aparecen en su mente (sea del pasado o del futuro), acabará demasiado ocupado para hacer cualquier otra cosa y vivir ahora. Estará demasiado ocupado persiguiendo y estudiando los diversos aspectos de la negatividad de su mente. Siempre hay demasiada actividad en proceso en su mente para controlarla. Algo así como 50 mil pensamientos pasan por su mente, ¡todos los días! Si cree que su forma de pensar es causada por las demás personas y eventos, es fácil ver por qué su forma de pensar se transformó en algo tan apabullante. Su forma de pensar siempre lo acompaña, en todo momento. Sin embargo, a medida que su comprensión de lo que son los pensamientos se amplía y profundiza y se mira como el creador de sus pensamientos, a la vez que ve a esos pensamientos como inocuos, puede retroceder un paso para tomar perspectiva respecto de su forma de pensar, casi como si estuviera mirando una película en vez de ser actor en ella. En consecuencia, si un pensamiento de temor, depresión, malhumor, envidia o celos aparece en su mente, tiene la opción de perseguir ese pensamiento y ver adónde lo lleva, o bien, simplemente desechar el pensamiento y regresar su atención a lo que sea que hace en ese momento presente.

La segunda razón de importancia del porqué las personas tienen tanta dificultad para mantenerse en el momento presente es que no entienden el poder de sus propios humores, a la vez de cómo reaccionan y sus reacciones al estar en bajo estado anímico. Por desgracia, si usted cree en lo que piensa cuando se encuentra en ese bajo estado anímico, se asustará ante el momento presente. Recuerde que estos bajos estados anímicos siempre promueven la forma de pensar negativa, pesimista, y estando inmerso en él se siente una acuciante sensación de urgencia —una sensación de que necesita hacer algo para escapar de lo que se siente—. En bajos estados anímicos los pensamientos de inseguridad serán dominantes en su conciencia. Lo mejor que puede hacer es desconfiar, desechar e ignorar sus pensamientos cuando se sienta así. Igualmente, debe recordar que la vida siempre se ve mejor cuando sus ánimos y humor están elevados, incluso si mejoran sólo un poco.

Si no desconfía de sus propios pensamientos cuando está bajo, su cabeza se llenará de morbo y tenebrosidad inminente imaginada. Su vida le parecerá demasiado urgente para mantenerse en el aquí y ahora y sentirá como que necesita especular cómo escapar de lo que siente.

Las personas felices saben, muy dentro de ellas, que sin importar qué sucedió ayer, hace un mes o en su tierna infancia, al igual que lo que pueda o no tener lugar mañana, la semana próxima o dentro de 15 años, el "ahora" es en donde encuentran su felicidad —y que en el "ahora" la depresión no puede existir.

Una persona genuinamente feliz sabe que la vida no es otra cosa que una constante serie de momentos presentes que se experimentan al presentarse. La gente feliz se sumerge en el presente, se esfuerza por estar totalmente con la persona que tiene al alcance, al hacer lo que sea sin pensar demasiado en el futuro o el pasado. Busca hacer uso de cada momento presente de su vida hasta donde puede. Una persona feliz sabe que cuanto más cerca llegue a este objetivo de vivir cada día en el tiempo presente, tanto más se garantiza una maravillosa experiencia de la vida. Vivir en el presente no es una teoría, es la realidad que vive una persona feliz.

Muchos de mis pacientes me han informado que cada vez que

se sienten inmersos en el momento presente es cuando se dedi-
can, ya sea a jugar con niños o a observarlos. Quizá la mejor forma de describir la diferencia entre vivir el momento presente y el
no presente, sea éste: vivir en el momento presente significa que
se elige enfocar la atención al aquí y ahora, se goza y aprecia "sólo este momento". Se sabe que no hay tiempo qué perder (la vida
es demasiado importante) y que no hay mejor momento para
vivir y apreciarla que precisamente ahora. Su atención se concentra en lo que está haciendo *justamente ahora*. Está absorto en el
momento que vive. Se siente increíblemente bien porque no está
especulando acerca de su vida, está viviéndola. No está pensando acerca de "¿y qué sigue ahora?" sino hasta el instante en que
se presenta. Ningún momento presente puede describirse de la
siguiente manera: en vez de disfrutar en donde está, se preocupa
acerca de lo que será o fue.

Algún día no será diferente

Uno de los problemas de vivir orientado hacia el pasado o el futuro es que esta forma de pensar no producirá jamás una vida feliz. Una mente que cree que será feliz sólo "cuando ciertas condiciones se cumplan", *siempre* creará nuevas condiciones que deban
cumplirse, una vez que las viejas existan. Entonces, se crea un

círculo vicioso de "seré feliz cuando..." Ese "cuando" puede se-
guirse con cualquier cosa, "termine mi escuela", "consiga un trabajo", "me den una promoción", "logre hacer más dinero", "me
encuentre una pareja", "tenga un hijo", "me pueda comprar una
casa", "resuelva aquellos problemas", etcétera. Por favor, no mal-
interprete lo que deseo expresar. No es que cualquiera de los
objetivos que anoté no sean buenas ideas en sí. Si lo que desea es
un hijo o cualquier otra cosa, ¡magnífico! ¡Lógrelo! Pero una forma de pensar que está orientada hacia el futuro, *garantizada* que
no gozará lo deseado cuando lo tenga. En cuanto "llegue" su
mente crea nuevas condiciones y se halla justo donde empezó.

Si "algún día" quiere ser distinto, debe comprometerse consigo
mismo para empezar a gozar de su vida hoy, tal como es. No existe
otra manera. De todas formas, aquí está, por lo tanto, nada cuesta
sumergirse en el momento presente y gozarlo. A partir de este instante, siempre que se sienta desilusionado, enojado o frustrado, por mínimo que sea, trate de ver que tan distante está de este momento. Sentirá lo mismo que yo cuando me siento algo menos que feliz —su
mente estará produciendo pensamientos que le están recordando algo
de su pasado o futuro—. Si revierte su atención a este momento, muy
pronto tendrá sensaciones más positivas y seguirá adelante con su
vida. A medida que su comprensión de los pensamientos es mayor,
esto será más y más fácil y su depresión desaparecerá.

Cuanto más se aleje del momento presente, tanto más se aleja de la fuente potencial de felicidad. Si observa de cerca a las personas infelices, pronto se hallará con que *todas ellas* están mentalmente en algún lado, *excepto en el presente*. Se consumen en lo que debieron haber hecho, pudieron hacer y no hicieron; lo que otros debieron o pudieron haber hecho; cosas que sucedieron, que no tuvieron lugar, pudieron o no suceder, cosas que la gente dijo o hizo, o incluso, que no dijo o no hizo; mala suerte, posibles problemas; vuelven a pasar en sus mentes argumentos y conflictos que ya sucedieron y otros que pudieron haber sido, etcétera.

Es obvio, pero extremadamente importante saberlo. La única felicidad genuina y duradera que jamás encontrará está justo aquí y ahora. El momento presente es mágico, siempre un lugar en cambio que sólo pide que se disfrute. El momento presente es un lugar donde hay maravillas únicas, en el que es imposible experimentar otra cosa que no sea felicidad. Establezca un compromiso hoy y tome las riendas de su forma de pensar y empiece a gozar de la vida.

Los problemas desaparecerán

A medida que viva su vida más y más en el momento presente, se dará cuenta que sus problemas desaparecerán como por arte de magia. Debido a que siempre estará haciendo lo mejor que puede, será capaz de enfocar su atención en el ahora, sus momentos se empezarán a fundir uno en el otro, en una solución de continuidad natural. En vez de gastar su vida preocupándose acerca de lo que podría suceder, se verá gastando cada momento constructiva y artísticamente; cada momento se vuelve otra pieza más del rompecabezas para ver toda la imagen.

Así como los objetivos sólo pueden lograrse un paso a la vez, así los problemas pueden resolverse al hacer lo que usted alcance —un paso a la vez, continuamente, momento a momento y día por día—. Estoy seguro que puede ver la absoluta lógica de tal forma de pensar. A medida que su atención se concentra en el momento, en aquello que se puede hacer, en vez de en el "problema" o lo difícil, caminará adelante, hacia la resolución del problema. La forma de pensar en el momento presente se concentra en lo que se puede hacer para mejorar la situación, ahora mismo, en este momento. La acción que se emprende en este momento conducirá a "otras acciones orientadas a solucionar" cosas en el futuro, a medida que sean necesarias, sean dentro de cinco minutos, mañana o la semana próxima. Entonces, tendrá suficiente capacidad para seguir adelante con el asunto de vivir. Su vida se concentrará más en vivir y menos en resolver problemas. ¡Y se dará cuenta de que toda preocupación es una inútil pérdida de tiempo y energía!

Viva cada día
como si fuera el último y trate a los demás
como si vivieran también su último día

Las personas felices saben que no existe ninguna garantía de la duración de esta aventura llamada "vida". También saben que lo mismo es cierto para todos. Recordar esta sencilla verdad, les ayuda a vivir todos los días como si ése fuera el último de vida. Puede serlo.

Las personas felices no esperan a mañana para dar a saber a los demás que los aman, no posponen hasta el otro día presenciar un hermoso atardecer, visitar el campo o jugar con niños. Los felices disfrutan todo lo que estén haciendo. Si realizan llamadas telefónicas a clientes, se prometen a sí mismos disfrutar la conversación con cada persona, incluso si lo que hacen es llamado "trabajar". ¿Qué diferencia hay al llamarlo de un modo u otro? Si está absorto en el momento presente, abre la posibilidad a volverlo en uno rico en experiencia.

Si supiera que nunca más iba a volver a ver su hijo o cónyuge, ¿no se tomará ese minuto extra necesario para darle un abrazo antes de salir por la puerta? ¿No sería acaso más paciente, amable, comprensivo? Por supuesto que sí.

Si vive cada día como si fuera el último, entonces, cuando llegue, no tendrá añoranzas. Su vida habrá sido una obra de arte completa, habrá vivido su vida de la mejor manera que se puede: un momento a la vez, con gracia y apreciación.

La vida es lo que está sucediendo mientras está ocupado realizando otros planes

Es tan tentador caer en el hábito de posponer continuamente su vida para más tarde. Es tan sencillo vivir, como mucha gente lo hace, como si la vida fuera mejor y más compensadora más adelante. Cuando se deja arrastrar a esa lógica, verá que no es sino un trágico error.

Cuando ese mañana llegue, aún será una serie de momentos presentes que experimenta. Es importante saber que vivir el momento presente requiere práctica y no necesariamente es fácil. Sin un compromiso firme de practicar vivir en el momento presente, sus mañanas estarán tan vacíos como está su hoy, simplemente carece de la capacidad para disfrutarlos. Sus hábitos necesitan reconsiderarse; debe condicionarse a sí mismo y a su forma de pensar ahora mismo, como proponerse practicar otra habilidad que valga la pena. Practique el disfrute del hoy como si la calidad de su vida dependiera de ello— porque realmente depende.

Las buenas nuevas

Las buenas nuevas son que vivir el momento presente puede aprenderse, nunca es demasiado tarde para empezar. Recuerde, cuando era niño estaba orientado al momento presente, por lo tanto, en algún nivel interior ya está familiarizado con lo que se siente vivir aquí y ahora. Usted puede empezar ahora mismo, hoy mismo. A medida que transfiera su atención al ahora, empezará a sentirse bien otra vez.

Recuérdese una y otra vez, sin cansancio, lo maravillosa que es la vida cuando no se están revisando errores pasados o preocupándose por el futuro. Recuerde que usted controla lo que elige pensar, una vez entendido que quien tiene sus pensamientos es usted. Si le asaltan pensamientos negativos o de preocupación, penetre en su mente con su voluntad y olvídelos. Si algo necesita manejarse o arregi se, entonces lo hará. Nunca conocí a nadie que aprendiera a vivir el momento presente y que ahora sienta que su vida se está desbaratando o se sienta irresponsable. Más bien, es al revés. A medida que deje de preocuparse y empieza a vivir el aquí y ahora, se asombrará lo suavemente que se desarrolla su vida. Los problemas siempre se resuelven. La vida ya nunca parecerá una emergencia constante. Tendrá la impresión de vivir un maravilloso sueño. Ponga su atención en la única parte del transcurso del tiempo en que puede realmente intervenir en su vida —justo aquí y ahora—. Su vida es un maravilloso regalo y usted es único maravillosamente. No pierda preciosos momentos produciendo pensamientos de un pasado doloroso o de un futuro imaginado. Cuando este tipo de pensamientos aparezcan en su mente, entienda que sólo son pensamientos y que no tiene por qué temerles. Por lo que más quiera, aprenda de su pasado y déjelo en paz donde está, detrás suyo; sepa que su futuro será maravilloso si lo enfoca sólo un momento después del otro y se ocupa del que tiene entre manos.

La vida no es una emergencia

La vida puede ser experiencia llena de recompensas, una experiencia totalmente satisfactoria y creativa, donde cualquier actividad puede verse como otra oportunidad maravillosa más. A pesar de que no se trata de esta manera con frecuencia, la vida no es una emergencia, no tiene por qué sentirse constantemente pospuesta en su disfrute mientras corremos de un lado al otro ansiosos y tratamos de que "todo se realice".

El único sentido de la vida es vivirla, un momento después del otro. Tenga 18 u 80 años de edad, sea hombre o mujer, de tez clara u oscura, rico o pobre, a todos se nos dio el mismo regalo de la vida y se administra de la misma manera. La vida en sí misma es un regalo y se nos entrega un precioso momento después del otro. La vida no es una emergencia, es una aventura, cuando se comprometa a verla de esta manera, se sentirá impactado por lo rápido que su vida cambia para mejorar. Se dará cuenta de la belleza en vez de la fealdad, de la amabilidad en vez de la brusquedad o tosquedad, y también verá la gracia en vez de la desgracia. Recuerde, la vida no es una emergencia.

El perdón

El perdón deriva de la forma de pensar en el momento presente. Cuando se perdona a alguien, incluyéndose a sí mismo, está afirmando "el pasado ya es pasado". Nadie, ni siquiera usted mismo, puede deshacer lo que ya fue. Si su pasado fue doloroso, una falta de perdón sólo hace que su presente sea igualmente doloroso. No importa qué le sucediera antes, no importa cuan terrible haya sido; el camino para ser feliz ahora es perdonar a todos y orientarse más al momento presente.

Todas las personas felices están orientadas al momento presente. Cada una de ellas se toma tiempo de cada día para "oler las rosas", ver a un niño jugar, ser testigo de un hermoso atardecer o hacer algo que añada a la belleza de su vida. Las personas felices saben que la vida no es algo que esperan que suceda, es algo que sucede ahora, en este momento.

Capítulo 11

La vida es como un péndulo

❧

Una excelente manera de comprender dónde existe la infelicidad en su mente, y aún más importante, cómo superarla, es estudiar la siguiente tabla doble:

Lado uno	Lado dos
Vivir momento a momento.	Vivir en el pasado o futuro.
Concentrarse en el disfrute.	Concentrarse en cómo la vida podría mejorarse.
La mente está clara y libre.	La mente está llena de preocupación y problemas.
Ver la inocencia siempre.	Ver lo malvado.
Concentrarse en la belleza de la vida.	Concentrarse en la fealdad.
Feliz con lo que es.	Obsesionado con lo que podría ser mejor.
Experimentar la vida.	Analizar la vida.
Dejar ir los pensamientos y las cosas.	Aferrarse a los pensamientos y a las cosas.
Forma de pensar fluida.	Forma de pensar tipo computadora.
Concentrarse en lo que puede hacer.	Concentrarse en lo que no puede hacer.
Aprender de los errores y seguir adelante.	Repasar los errores y repetirlos.
Abierto y con actitud de aceptación.	Cerrado y prejuiciado.
Actitud positiva.	Actitud negativa.

Se puede considerar el lado izquierdo de esta escala como su "funcionamiento saludable" o "energía del alma". Recuerde, nació con él, su funcionamiento saludable es inherente. Es su mente en reposo. Es sólo su mente la que está en acción, analizando y pensando "qué está mal" o buscándole fallas a su vida. La característica de su funcionamiento saludable es que se siente bien, promueve su felicidad, autoestima y bienestar personal. Los momentos en su vida en que se siente satisfecho, cuando la vida parece "perfecta", es cuando se conectó con este estado mental natural, sencillo, que no implica esfuerzos. No tiene nada de misterioso o fabricado, es parte de su derecho de nacimiento. Su funcionamiento saludable, a pesar de que no siempre se le reconoce como tal, siempre está presente en su interior. Está detrás de ese velo de pensamientos negativos y de inseguridad que dominan su mente. Los únicos obstáculos al funcionamiento saludable son sus pensamientos en la cabeza, los que toma demasiado en serio. *Busque aclarar suavemente su mente ahora mismo. Relájese. No piense nada en particular. A medida que los pensamientos aparezcan en su mente, déjelos que deriven fuera de ella. Véalos como pensamientos. Sólo déjelos irse. ¿Cómo se siente ahora?*

Puede pensar del lado derecho de esta escala como su "mente analítica". A pesar de que es muy importante, no hay nada natural en ella. Cada una de sus características es, por definición, aprendida, "creación de pensamiento". Usted no vive con naturalidad su pasado o futuro, usted aprende a hacerlo; no está "predispuesto" a concentrarse en problemas, desarrolló ese hábito; no nació con prejuicios, los aprendió y desarrolló con el tiempo; no nació con actitud negativa, pesimista y escéptica inherente, la aprendió.

Estudiar a los niños

La próxima vez que tenga oportunidad, dése una vuelta por el parque infantil lleno de niños —y recuerde que todos fuimos niños en su tiempo—. Los niños se llevan bien con sus congéneres en forma natural. Es cierto, tienen disputas y discusiones ocasionales, pero siempre encuentran maneras para divertirse juntos. Los niños jamás se detienen a revisar sus errores, pero tienen una enorme capacidad para aprender, siguen la jugada, tratan a todos por igual, ven la belleza de la vida y virtualmente todo es una fuente potencial de alegría y humor. A los niños no les importa si usted es blanco, negro o minusválido. No basan su felicidad en el tamaño de su cuenta bancaria o la de sus padres. Si le dicen a otro niño o niña que "no pueden hacer algo", entonces se dedica a buscar algo que él o ella "sí puede hacer".

Éstas son cualidades naturales que todos nosotros trajimos con nosotros a la vida. Son cualidades que pueden readquirirse simplemente al reconocer que el obstáculo para tenerlas nuevamente es nuestra propia forma de pensar. A medida que desechamos pensamientos negativos que aparecen en nuestra mente, la sensación es como si se eliminara un pesado velo que tapa su funcionamiento saludable.

¿Significa esto que los niños siempre son felices? ¡De ninguna manera! Los niños tienen fuertes genios, pueden ser muy egoístas y centrados en sí mismos y también pueden hacer berrinches acerca de casi cualquier cosa. Los niños no siempre son felices porque son seres humanos. Ellos, al igual como cualquiera otro, reaccionan a sus propios pensamientos. Sin embargo, la diferencia entre los niños y la mayoría de los adultos es que cuando los pequeños se enojan, simplemente están enojados y luego siguen adelante con su vida. No se etiquetan a sí mismos con términos como "deprimidos" o "corajudos". Si bien su forma de pensar fue la que los enojó para empezar, ellos no se detienen a considerar el problema utilizando su forma de pensar para mantener en su lugar sus pensamientos negativos. *Instintivamente* saben que lo que sea que los enojó sólo es un pensamiento ahora y aquí. Las condiciones específicas que los "alteró" no son importantes para un niño y ésa es su protección. Sea una discusión con otro niño o padre, o que sea algo que intentaron realizar y fracasaron, no es algo que tenga importancia para él o ella. Lo que sí tiene importancia es que lo llevan en su memoria como si estuviera sucediendo en el aquí y ahora.

Si bien nadie de nosotros está feliz siempre, sí lo es que todos nosotros nacimos con una inclinación natural hacia la parte izquierda de este péndulo. Nacimos con curiosidad natural, un deseo de crecer y aprender. Nacimos con una actitud abierta y de aceptación, un sentido del humor inocente y sano. Nacimos viendo la belleza que existe en nuestro alrededor. Una vez más, si usted quita el velo de la forma de pensar negativa al reconocer que los pensamientos son sólo eso y al desechar sus pensamientos negativos, volverá a desarrollar esa actitud parecida a la de los niños y, con ello, volverá a sentirse bien.

Es importante que se entere de que todo el mundo cuenta con su funcionamiento saludable y su estado mental aprendido. El péndulo al que me referí antes es ese cambio que experimenta de ir de un extremo al otro en el curso de todos los días. La persona más feliz de este mundo tiene tanto su funcionamiento saludable como su sistema de pensamiento. La persona más deprimida del mundo también tiene los dos. No existe nada que alguno de nosotros pueda hacer para alejarse de ellos, ya que ambos son parte integral del ser humano. Sin embargo, podemos aprender a desacreditar selectivamente la validez de nuestro sistema de pensamiento cuando se trata de asuntos de felicidad y de bienestar. También podemos aprender a dirigir nuestra atención hacia nuestro funcionamiento saludable, mover nuestro péndulo si se quiere, cuando lo que experimentamos no es aquello que deseamos. Demasiado pocos de entre nosotros nos damos cuenta que esta otra parte nuestra, este "funcionamiento saludable", es tan real y está tan presente como su sistema de pensamiento, además de ser un crítico de nuestra felicidad y paz mental. Una vez que se dé cuenta de que el funcionamiento saludable es un hecho en su vida, una opción a considerarse, se encontrará sintiendo su presencia en su vida.

Todos pasamos por los extremos de nuestro péndulo en el curso de nuestro día. Cuando experimenta su funcionamiento saludable, se tiene la sensación de naturalidad y paz, una sensación que probablemente ni se dé cuenta de que experimenta. El funcionamiento saludable está presente siempre que su mente se aclare o zafe de su "computadora pensante". Puede suceder que en ese momento suene el teléfono o que se encuentre bajo la regadera o sea en los pocos segundos antes de despertar de un sueño profundo.

Mientras experimenta su funcionamiento saludable, usted sigue produciendo pensamientos. Si un pensamiento aparece en su mente y le sigue el rastro, está abajo el riesgo de mover el péndulo en la dirección opuesta. Esto puede o no ser un problema. Quizá *quiera* activarse en su pensamiento. Si tal es el caso, magnífico. Puede existir una razón válida para hacerlo. El objetivo es volverse consciente de los trenes de pensamiento que elige seguir. Usted quiere ser capaz de decidir por sí mismo si, y cuando, el péndulo ha de moverse de regreso a sus sistema de pensamiento.

¿Cómo se mueve voluntariamente el péndulo?

La vida es como un péndulo que va de izquierda a derecha y de regreso, por encima de la escala. La manera para eliminar la depresión como una fuerza destructora de su vida, a la vez que la manera de volverse una persona más feliz, es empezar a tomar el control, por su propio bien, para decidir en qué lado de la escala invierte la mayoría de su tiempo —y a aprender a cómo mover el péndulo en la otra dirección cuando se encuentra atrapado en el lado "derecho"—. Usted lo que desea es aprender a controlar el péndulo, más que ser una víctima de su movimiento.

Si bien no tenemos control sobre el hecho de que ambos estados mentales existen (el funcionamiento saludable y el modo analítico), sí tenemos un enorme control sobre dónde poner nuestra mayor cantidad de atención. Es cierto que existen muchas ocasiones cuando utilizar nuestra "mente de computadora", su intelecto, es preferible a utilizar su funcionamiento saludable: aprender una nueva habilidad, realizar una conciliación bancaria de su dinero, arreglar algún aparato, tratar de recordar un número telefónico o en dónde dejó estacionado su auto, tan sólo para nombrar algunas cosas. En esos casos y otros similares, poner su atención en su "mente pensante" es necesario y deseable. Sin embargo, sorprendentemente un enorme porcentaje de su vida sería vivida y experimentada mucho mejor sin que se "encendiera la computadora". A menos de que esté activamente utilizando su mente para un propósito específico, el funcionamiento saludable es muchas veces más recomendado. Usted no puede gozar de la vida si está analizándola y ciertamente que no olerá el aroma de las rosas si pasa corriendo por su lado, ni disfrutará encontrarse con nuevas personas si las prejuzga y tampoco no podrá disfrutar las cosas sencillas si piensa acerca de cuán "estúpido" es hacerlo.

Cada vez que sienta que una depresión está iniciándose o que se sorprenda en plena depresión, se encuentra en un "punto de elección". Es en estos momentos de puntos de elección que debe preguntarse a sí mismo: "¿Me dejo arrastrar por la depresión? ¿Estoy repitiendo lo que siempre hice en el pasado? ¿Estoy confiando en mi sistema de pensamiento habitual una vez más, a pesar de que no funcionó para mí en el pasado? O bien, ¿puedo retar mi depresión y al hacerlo, darme más poder a mí mismo y a mi vida también? ¿Tengo la opción de concentrar mi atención en otra cosa, en esa otra parte de mi mismo, mi funcionamiento saludable, la parte que jamás se deprime —incluso cuando no la siento y hasta cuando parece más fácil dejarme ir a mis viejos hábitos?" Cada vez que escoja el camino del funcionamiento saludable, el de la sabiduría, estará dando un paso hacia la eliminación de la depresión como fuente con potencia en su vida. Le dice a su depresión en términos enérgicos: "Ya no estoy dispuesto a tenerte en mi vida —y no quiero prestarte atención—. No deseo darte ni la hora del día".

La única cosa que está impidiendo su conexión entre usted y una experiencia completamente distinta de la vida —una vida sin depresiones— es su habilidad para darse cuenta de que cada momento, especialmente en aquéllos en los que la depresión amenaza, es un momento potencial de cambio de movimiento del péndulo, un punto de elección. Usted tiene la opción de concentrar su atención en la parte de sus sensaciones desagradables y mantener el péndulo en la parte derecha de su escala psicológica, manteniéndola viva, "cuidándola", como si deseara que se quedara con usted. O bien, puede darse cuenta de que si usted "deja ir" (incluso si no parece que pueda) e ignora las sensaciones negativas que siente, dándose cuenta de que son pensamientos creados por su mente, puede mover el péndulo hacia la izquierda de la escala, puede conectarse con una parte diferente de sí mismo que no experimenta jamás la depresión (que se siente como paz y amor) y está repleta de sabiduría.

Lo único que puede derrotarlo es falta de perseverancia. Las primeras escasas veces en que rete a la tendencia de "aceptar" sus sensaciones de depresión, puede ser que note o no un cambio inmediato de sensaciones porque puede suceder que no "dejara ir" lo suficiente. Sin embargo, empéñese, cada vez repetida facilita el proceso. Muy pronto, a medida que practique ignorar lo que no quiere y en vez de ello, vuelve su atención a lo que desea, *empezará* a sentir los cambios. Cuando ya conozca el proceso y practique concentrando y enfocando su atención, verá que la vida realmente es como el movimiento de un péndulo y que realmente allí existe una elección. Usted atraviesa cambios de conciencia, cambios en cómo siente durante todos y cada uno de sus días. Los cambios son totalmente inocuos y, de hecho, son muy naturales. El daño o dolor proviene de "aferrarse", estudiar, pensar y enfocarse en los pensamientos creados (el lado derecho de la escala) que se acompañan de sensaciones que no quiere sentir. A medida que se percata de la dinámica y practica en trabajar con el flujo natural del péndulo, se sentirá cada vez menos temeroso de sus propias sensaciones y sentimientos, por lo que le quitará poder a aquello que no quiere ya.

Aprenderá a tener sensaciones y sentimientos que sí quiere y a desintegrar aquellos que no desea, la vida se volverá interesante y rica nuevamente porque vuelve su vida hacia algo más grande que aquello a lo que estuvo acostumbrado, a una parte más poderosa y genuina de sí mismo que sabe lo que es la alegría de la felicidad.

Sus sensaciones y sentimientos son su guía

Sus sensaciones y sentimientos le hacen saber en cuál lado de la escala psicológica está en cualquier momento, diciéndole por lo tanto, si necesita hacer ajustes mentales o no. Si se siente en paz, bajo control, competente, equilibrado, feliz, contento y satisfecho, sabe que emocionalmente está en la parte izquierda de la escala. No se requiere ajuste alguno. Siga adelante con el trabajo y goce de vivir. Tomará grandes y buenas decisiones, dará buenos servicios a la humanidad, se ocupará constructivamente de sus intereses más provechosos, será amable, considerado y fácil de relacionar. Cuando se requieran tomar decisiones estará a nivel de ellas, incluso si son difíciles. Sin embargo, si se está sintiendo deprimido, preocupado, celoso, enojado, asustado o en alguna forma paralizado, sus sensaciones y sentimientos le harán saber que hubo un cambio hacia la parte más conocida de su escala emocional.

Permítame aclarar algo con énfasis. No existe absolutamente nada malo con estar dentro del lado derecho de la escala. ¡No se necesita que sea una emergencia tampoco! No estoy sugiriendo que nunca sea apropiado o incluso importante sentir estas variadas sensaciones. No obstante, es crítico que usted se dé cuenta de que estas emociones son creadas por pensamientos, son diferentes para cada persona porque se derivan de su propio sistema de pensamiento, que son aprendidos. Si no hubiera aprendido a estar a la defensiva por ejemplo, no se sentiría a la defensiva. No existe nada inherente en usted mismo que le haga sentirse de esa manera. Lo mismo es verdadero para el pesimismo. No importa cómo sucedió, pero aprendió a ser pesimista.

No necesita juzgarse a sí mismo por la frecuencia a cuánto tiempo invierte del lado derecho de la escala. Nadie lleva contabilidad. De hecho, cuanto menos se lleven cuentas, más fácil será cambiar de dirección por elección. Sabiendo en qué lado de la escala se encuentra es importante. Si usa sus sensaciones en su beneficio y reconoce estar "fuera de pista", por lo menos tendrá opción de hallar algo satisfactorio. Si, por otra parte, se deja arrastrar a sus sensaciones simplemente porque allí están, se le acabarán las opciones de inmediato. Tendrá que luchar cada vez que experimente una emoción negativa.

Cuando se da la oportunidad de que las sensaciones negativas lo alerten y se da cuenta de que emocionalmente está "fuera de pista", puede dirigir su atención lejos de donde estaba su "mente de computadora", donde se inició y se ubica el problema. En vez de eso, reporta su atención al funcionamiento saludable, donde está la solución, si existe. Será similar a quitar el pie del acelerador cuando el auto está atascado en una poza de lodo. En cuanto desacelera, las cosas se calman (que aprovecha para tomar fuerzas), se gana alguna perspectiva y se busca una respuesta.

Sus sensaciones, incluso negativas, pueden ayudarlo a guiarse en la vida. Al prestarle atención a sus emociones, pero no quedándose atorado en las negativas, pueden utilizarse para impulsar su péndulo en su beneficio. Cuando distrae la atención de su mente pensante en problemas emocionales, su vida se calmará y volverá a tener matices de belleza. Sus bajos estados anímicos ya no le parecerán tan malos y, seguramente, no durarán mucho. De hecho, puede sentirse bastante confortable cuando esté bajo en ánimos o humor, si sabe que podrá salir de ese estado con un poco de paciencia y dirección mental.

Capítulo 12

El arte
del optimismo

Al enfrentarnos a cualquier tipo de adversidad, reaccionamos pensando. Sin embargo, la mayoría olvidamos que somos nosotros *quienes* fabricamos pensamientos, que en realidad los hacemos uno por uno en la mente. ¡Son tan habituales que no nos damos cuenta siquiera de que los hacemos! Y desarrollamos patrones de pensamiento negativo como reacción "normal" a los eventos. Por nuestra manera de enfrentar y arreglar nuestros asuntos de la vida, creemos que "nuestra vida" y circunstancias tienen la responsabilidad de los pensamientos acerca de ellos. ¡No es cierto! Puesto que somos *nosotros* quienes pensamos, también somos los responsables de cambiar nuestra forma de pensar. Cuando nos damos cuenta de esto, podemos modificar nuestra forma pesimista de mirar la vida a una más positiva y optimista. Se aprende a detener el desarrollo de *todos* los trenes de pensamiento negativos, antes de que tengan una oportunidad de desarrollarse. La forma de hacerlo, es responsabilizarnos del hecho de que ¡*nosotros* somos el conductor del tren de pensamientos!

Suponga que ha trabajado duro para terminar una prenda tejida para su hijo. Al llevar consigo la prenda al auto, cierra la puerta y la desgarra. Si es pesimista, podría pensar: "Vaya idiota. Cada vez que hago algo, lo echo a perder."

Por desgracia, este tipo de forma de pensar pesimista no se limitará a ese episodio. Si se es crítico consigo mismo por un inocente accidente, es muy probable que sea también muy duro consigo mismo la mayoría del tiempo. Lo grave de la forma de pensar pesimista es que *sus pensamientos determinan lo que siente*. En el ejemplo, *sus pensamientos le harían sentirse como idiota; la prenda o la incapacidad para evitar el accidente no tuvieron nada que ver en el asunto*. Al determinar sus pensamientos la manera que siente, pensar negativamente ¡puede verse como un intento de convencerse de que sentirse mal es una buena idea!

La forma de pensar pesimista lleva a sentir lástima por sí mismo, infelicidad y hasta depresión —con el agravante de tener una visión pesimista general de toda la vida—. Existe algo poderoso, casi insidioso, de la forma de pensar negativa para "colarse" en la mente y crear una urgencia igualmente fuerte de prestar atención a esta forma de pensar negativa. De alguna extraña manera, es tentador creer que se va uno a sentir mejor si se continúa pensando de esta forma —basta pensar lo suficiente, es el razonamiento—. Por desgracia, sentirse mejor no es el resultado de pensar negativamente. Cuanta más atención se preste y "siga la corriente" a los pensamientos negativos, peor se sentirá—siempre. Éste es un punto crítico que muchos olvidamos: *la forma de pensar negativa no lleva a ninguna parte, excepto quizás ¡a un viaje al desastre emocional sin boleto de regreso!*

La manera en que se siente y ve la vida sería mucho más amable si tan sólo, cuando tuviera un accidente, pensara para sí: "Oye, no pasó nada. Todo el mundo tiene accidentes. No te preocupes. Lo arreglarás lo mejor que puedas". Este sencillo cambio de actitud es *únicamente* cambiar el hábito de la manera de sentir lo que experimenta. La modificación es pequeña pero los dividendos magníficos. Ésa es "la pulgada crítica" de avance en el desarrollo de la salud mental y es la decisión más importante que puede tomarse en la vida.

Es posible que esté acostumbrado a pensar de las cosas de cierta manera, pero también tiene la capacidad para cambiar la manera en que ve la vida cuando se comprometa a hacerlo. Empezando ahora, hoy, cambie la forma de pensar, en especial durante momentos difíciles, y la calidad de su vida mejorará dramáticamente. Sin embargo, ¿cómo se logra una transición de una forma de pensar negativa a una positiva? Es mucho más simple de lo que pudiera creer. El cambio implica tres pasos sencillos: (1) el reconocimiento y aceptación de que practica el hábito de pensar negativamente; (2) la comprensión de que sus pensamientos se originan en su interior (en otras palabras, que pensar no es algo que le "sucede", sino que es algo que hace activamente para crear su experiencia psicológica de la vida); y (3) estar consciente de lo inocente que es al pensar negativamente. Veamos cada paso individual con algo de detalle.

El hábito de pensar negativamente

Si tiene el hábito de pensar en términos negativos, pesimistas, quizá deseche esta información por "demasiado simplista". Un "pesimista" tendería a pensar en términos de que las cosas son "demasiado simplistas". Y es que tampoco se puede esperar que un pesimista piense "oh, sí, ya veo lo que me he impuesto de malo durante tantos años". Más bien tendería a pensar "esto no sirve".

Debe saber que pensar negativamente es sólo un hábito que por desgracia fue reforzado muchos miles de veces. Sin embargo, una actitud negativa no está grabada en granito, no está permanente programada en su conciencia, como pudiera estar genéticamente determinado el color de sus ojos. La negatividad es una respuesta aprendida. Existen millones de personas que aprendieron a ver la vida más optimistamente. Usted también puede ser uno de ellos.

Sus pensamientos se originan en su interior

La idea de que sus pensamientos se originan en su interior ha sido uno de los temas centrales de este libro. Usted es el fabricante de los pensamientos que cruzan por su cabeza. El poder real en su vida está siempre con usted, el productor de sus pensamientos, no los pensamientos en sí. Una vez que reconozca ser el creador de sus pensamientos, abre la puerta a nuevas opciones y alternativas. Ahora, cuando un pensamiento negativo aparece en su mente, puede decirse: "Ahí voy de nuevo. Pero ya no voy a caer en esta trampa nunca". Si carece de la comprensión clara de que *usted es quien piensa* no es muy realista pensar que puede cambiar su actitud. Sin un conocimiento saludable de este fundamento es demasiado fácil dejarse seducir por sus propios pensamientos. Cuando algo que no desea sucede en su vida, aparecerá en su mente un pensamiento parecido a "nada funciona suavemente jamás". Cuando aparece, se siente justificado sentir lástima, por ser víctima de circunstancias fuera de su control, lo que producirá más pensamientos negativos. Una vez que está cimentado en la idea que ese pensamiento sólo ocurrió en su mente y no tiene responsabilidad en el proceso, será difícil que salga de la negatividad. Sin embargo, si está convencido de que sus pensamientos no son algo que *sólo sucede en usted por casualidad,* abre la puerta a nuevas opciones. Recuerde, ¡usted los fabrica! Con esta comprensión, ya puede decir en el mismo caso: "Vaya, cuántas tonterías. Claro que las cosas me van bien".

Ver la inocencia

Todos tenemos hábitos que deseamos eliminar. Si observa con cuidado los hábitos, la mayoría de ellos se incorporaron a su forma de ser con toda inocencia. Pocos deciden ser adictos a las drogas, alcohólicos, fumadores inveterados o incluso ugnófagos (que se comen las uñas). Más bien, la mayoría de los hábitos se desarrollan lentamente con el tiempo, volviéndose confortables y familiares por repetición. Por ejemplo, un bebedor echa mano de un trago cada vez que siente estrés. A pesar de que el alcohol en su sistema sólo agrava, no mejora las cosas, el alcohol es familiar para él. El bebedor no sabe qué más puede hacer.

Los pensadores negativos están en una barca parecida. Algo les sucede y aparecen pensamientos que aprendieron en respuesta al estímulo de su observación o sensación. Nadie se daña deliberadamente a sí mismo con los propios pensamientos. Nadie piensa realmente "la vida no vale la pena vivirse" o "no soy feliz". Más bien, estos pensamientos le son familiares a la persona negativa. Parecería que sólo aparecen en su mente —y porque allí están repentinamente, creen que debe haber alguna buena justificación para ellos—. Porque, externamente, las cosas no están tan bien. Un pensador negativo siempre será capaz de señalar "razones" de por qué se siente negativo: su auto no funciona, nadie lo aprecia, etcétera. La forma de pensar negativa siempre parece justificada.

No obstante que parece justificado, es importante saber que *los sucesos que usted pueda pensar, que causan su forma de pensar negativa, en realidad no son el problema.* Le aseguro que cualquiera puede aprender a manejar asuntos como un auto descompuesto o tratar a alguien que cree que no lo aprecia. Sin embargo, nadie resiste mucho tiempo la influencia negativa de una forma de pensar autoderrotista, negativa. Andando el tiempo, ya sea que se aprenda a pensar más positivamente o se enfrenta sólo a infelicidad y depresiones.

La forma de pensar negativa se aprendió inocentemente. De ninguna manera se propuso lastimarse a sí mismo. Puede aprender a perdonarse y darse una segunda oportunidad en la vida cuando ve lo fácil que es caer en la trampa de la negatividad. Es cierto, algunas personas parecen ser optimistas naturales, pero muchos aprendimos ser optimistas. Tuvimos que cambiar la forma de pensar con el fin de sentirnos mejor.

Es importante saber el importante papel que tienen sus creencias al crear de nuevo su vida, y en especial, la manera en que se siente. Si piensa para sí: "Siempre me ven la cara", no es coincidencia que se sienta víctima de todo y todos. Al pensar "si la gente tan sólo supiera lo difícil que es mi vida", no es coincidencia que se sienta abrumado. No es su vida la que lo hace sentirse mal, es su forma de pensar. Su actitud y creencias ante la vida, se originan dentro suyo la manera en que la mira no es algo que sucede sola, usted fabrica esa forma de vivir. En cualquier instante puede decidir cambiar su actitud porque se compone de una única cosa: sus propios pensamientos. Cámbielos y su mundo cambiará.

Utilice su imaginación para ver cómo sería su vida mejor con una forma de pensar más positiva. ¿Cómo sería si en respuesta a algo desafortunado pensara para sí: "me alegro de que no fuera peor"? ¿Qué le pasaría con sus sensaciones y sentimientos negativos si ya no los tiene? ¿Qué impide tener pensamientos más positivos? La respuesta es terquedad. A menos de que acepte el hecho que sus pensamientos determinan la manera en que se siente, la terquedad es su verdadero obstáculo. Existe algo que lo empuja a decidir que pensar negativamente es más importante para usted que sentirse bien. Mi experiencia dice que todos podemos aprender el arte del optimismo.

Usted se sentirá como lo hace porque tiene los pensamientos. Cualquiera puede aprender el arte del optimismo, pero hacen falta humildad y valentía. Se debe tener la humildad para admitir que su forma de pensar *es* negativa y se debe contar con valentía para decidir un cambio. Si se decide, puede aprender el arte del optimismo, uno de los más importantes pasos en desarrollar una vida llena de felicidad y gratitud.

Capítulo 13

La felicidad
y la gratitud

Si tiene una idea vaga o incompleta acerca de lo que es la felicidad, probablemente no la detecte cuando se le aparezca. Pasará
de largo porque no sabe qué está buscando, incluso si está justo
delante de usted (lo que es el caso). No obstante, si comprende lo
que es y de dónde proviene, la reconocerá y apreciará cuando
aparezca. Por lo tanto, evitará la tendencia común de dejarla derivar lejos de sí por causa de nuevos pensamientos.

No existe ningún "camino a la felicidad". La felicidad *es* el camino, es una sensación y sentimiento, un estado, al que se acce-
de, independientemente de todo suceso. Al comprender esta importante distinción, por lo menos estará buscando en la dirección
correcta. Adquirirá la capacidad para estimular a salir el sentimiento y sensación de felicidad a la superficie, en vez de dejarlo
irse y continuar buscando su fuente en otro lado. Cada vez que

173

"busque" la felicidad fuera de usted mismo, cada vez que trate de "pensar" su camino hacia la felicidad, se desvanecerá porque su mente habrá derivado de su origen.

Cuando se sorprenda diciendo algo como "algún día seré feliz" o "espero ser feliz algún día", lo que dice *en realidad* es: "algún día espero ser capaz de *quitar* mi poder de atención de mis problemas, preocupaciones y negatividad y *ponerla en* una sensación más agradable, la del amor". Sin embargo, la mayoría no despierta ni repentinamente ignorará sus sentimientos desagradables. Es necesario algo de práctica. Ya sea que empiece hoy o dentro de 10 años, simplemente tendrá que dejar de posponer, ¡y empezar a hacer lo que sí le hace feliz! Más tarde o más temprano tendrá que dar ese salto con base en la fe y decirse a sí mismo: "está bien, mi vida puede no ser perfecta pero nunca habrá mejor momento que ahora para poner mi atención en donde debe estar, en mis sentimientos y sensaciones de amor, justo al lado de donde están mis pensamientos negativos". ¿Por qué no empezar hoy, ahora? Es una pregunta muy importante —una que debe contestarse correctamente si desea encaminarse a la felicidad.

Una vez que empiece su relación entre su forma de pensar positiva y lo que siente (la relación imediata y acumulativa) iniciará una vida con menos depresión. Esperar hasta el año que viene no ayuda nada. Porque ¿a qué esperar? Las condiciones de una nueva vida serán mejores. Ahora es el momento. Todavía tendrá que implementar su nueva comprensión y aún deberá practicar lo que aprendió. Y lo que es más, a pesar de que *efectivamente* cuenta ya con una nueva comprensión que le puede ayudar consigo mismo, todavía es verdadero aunque caiga en sus viejos hábitos y siga trenes de pensamiento negativos que aparezcan (los llamo ataques de pensamientos) o cuando acumule equipaje mental negativo. Seguirá dañándose y enojándose y caerá en lo negativo, pero ya puede dirigir su forma de pensar y concentrar su atención adonde quiere.

Cuando pasa algún tiempo con personas felices, una de las primeras cosas que se nota en ellas es que no siempre están felices. Por lo general sí son felices, sus sensaciones y sentimientos acerca de la vida *en general* son extremadamente |positivos, pero también tienen su parte de desequilibrios emocionales. Recuerde, todos tenemos movimientos de humor, incluyendo algunos muy bajos o malos, y también nos parecerán realmente malos. Igualmente, tendrán trenes de pensamientos negativos de vez en cuando. Lo interesante es que las personas que se consideran a sí mismas felices, en el instante que sus mentes tienen negatividad se dan cuenta, mucho más que los que se consideran infelices. A pesar de todo, esto tiene sentido, porque "darse cuenta" de la negatividad seguida por "desecharla", es precisamente el acto que los mantiene felices. La gente feliz de hecho tiene muchos pensamientos similares a la infeliz, con excepción de que su relación con estos pensamientos será totalmente diferente. Las personas felices verán sus pensamientos negativos como tales. Buscarán ignorarlos y desechar tantos pensamientos negativos como puedan, sin que les bajen el estado anímico. No pretenden ser felices, buscan serlo. Saben que deben cambiar lo que están haciendo en la mente, y muy pronto, si quieren, regresar a la felicidad.

Las personas infelices tienen un tipo de relación distinta. Cuando tienen a uno o una serie de pensamientos, tienden a "seguirles la pista" para ver si los conduce a una sensación más positiva. ¡No sucederá! La gente infeliz no ve a sus pensamientos como tales, los ven como "realidad", "importantes". Una de las mayores distinciones que he observado entre la gente feliz y la infeliz es su disponibilidad a admitir que su forma de pensar es disfuncional. La gente feliz no tarda en aceptar que su pensamiento es la causa de su infelicidad. Lo admiten tranquilamente. Tienden a interiorizar y desean eliminar, tanto como sea posible, los pensamientos que interfieren con su alegría.

La gente infeliz tiene mucho menos disponibilidad o capacidad para admitir que sus mentes están llenas de negatividad. Insistirán: "Yo no tengo muchos pensamientos negativos, no pienso de forma negativa, sólo me siento deprimido". Ésta es la negación más dolorosa que se pueda experimentar, porque sugiere, erróneamente, que se está en control de su vida —pero la realidad es que no.

El acto de admitir que es USTED el que crea su propia depresión por su pensamiento no es una admisión muy poderosa y curativa. Al hacerlo, se tiene algo de control sobre la dirección y acción que se tomará. Antes de admitir que su forma de pensar causa su sufrimiento, es muy fácil sentirse víctima. De hecho, ¿cómo podría no sentirse víctima si su depresión es algo que siente que *le sucede* (por imposición externa) y no algo que *está haciéndose* a sí mismo?

La felicidad es un estado de sensaciones y sentimientos, nada más y nada menos. No es complicado ni difícil lograr. La felicidad no requiere que la vida se manifieste perfecta y ciertamente no se da con años y más años de análisis. Si desea ser feliz, estudie a la gente feliz. Las vidas más infelices no son las más analizadas. De hecho, es mi experiencia que las vidas más felices son las más sencillas —externamente y en especial, internamente—. La gente feliz está demasiado ocupada siéndolo y disfrutando su vida, para dedicar tiempo a estudiar la posible infelicidad que tienen en ocasiones. Reconocer la infelicidad y dejarla derivar lejos de sí es todo lo que se necesita hacer.

Usted tiene la capacidad para conectarse con sensaciones y sentimientos más amables. Sea feliz y atesore su vida.

La gratitud

La gratitud causa lo mismo a la depresión que el agua a una sequía. La gratitud es el antídoto para la depresión. Es una sensación y sentimiento muy poderoso que se deriva de su forma de pensar.

¿Pero cómo ha de sentirse agradecido si ha estado deprimido? ¿Y qué diría si le ofrezco mil dólares por cada una de las cosas que puedan hacer pensar que está agradecido? Lo más probable es que diga: "¿cuánto tiempo tengo para decírselas?" La razón de recordar cientos de cosas por las que sentirse agradecido es, ¡porque pensar es una función voluntaria! No obstante, como ya dije, los hábitos son difíciles de romper, en especial los que se relacionan con la forma de pensar. Si tiene la costumbre de "ver el vaso medio vacío" en vez de "ver el vaso medio lleno", tendrá que retar el hábito si quiere vivir con gratitud. Tendrá que reunir mucha humildad para admitir que la única cosa que sigue sosteniendo su negatividad y pesimismo es su forma de pensar.

¿Pero por qué habría de sentir gratitud? Muy sencillo. Porque la gratitud lo hace a uno sentirse bien y saca a relucir lo mejor que tenemos. Todo lo que he dicho en este libro apunta hacia la gratitud. Con ésta se siente bien. Es la esencia del funcionamiento saludable en acción. Cuando se siente agradecido, todo en su vida se ve y se siente bien. Cuando reconozca que la gratitud es una fuerza en su vida, esta "sensación" y "sentimiento" empezará a impregnar su existencia. Los beneficiarios de la gratitud serán su autoestima, relaciones, bienestar, carrera, esperanzas, sueños, problemas, descubrimientos por hacer: su futuro completo. La gratitud es tan poderosa que siempre saca a flote lo mejor de uno mismo.

Como vimos, la relación que tenga con su propia forma de pensar es el factor más importante en la determinación de su calidad de vida. La razón es: su forma de pensar actúa como un imán para la manera en que sienta. La sensación y sentimiento de "vivir dentro" de un estado de gratitud, depende totalmente de en donde concentra su atención. Si aprende a concentrarse y a sentir agradecimiento, esos pensamientos amables crecerán hasta ser un hábito en sí. ¿Y cómo podría ser distinto?

Las personas más felices son aquellas que constantemente se alegran por lo que hacen. Su atención casi siempre está dirigida hacia "lo que está bien". Casi no invierten energías en lo que carecen o en lo que no les gusta, porque saben que la calidad de su experiencia está determinada por el lugar en que concentran su atención. A partir de este instante, usted también puede ser feliz. Empiece por mirar "lo que está bien" en su vida. Siga observando y no renuncie hasta "ver que lo que está bien" se vuelva uno más de sus hábitos. Trate de recordar la pregunta anterior: ¿podría ver lo que está bien y las cosas por las que estar agradecido en su vida si le pagara por hacerlo? Practique la gratitud, incluso si no se siente de humor, porque muy pronto se hallará disfrutando la vida como nunca antes.

Una de las preguntas que recibo con mayor frecuencia de mis pacientes y los asistentes a mis conferencias es: "Si me la pasara viviendo agradecido cada segundo de mi vida, ¿me transformaría en un egoísta?". La respuesta es un rotundo ¡NO! ¿Qué le ofrece usted a otra persona? Su presencia. Le ofrece su bienestar. Se ofrece usted a sí mismo. Cuando se siente bien, todos en su alrededor se sentirán bien. Por lo tanto, usted y todos ganan.

¿Pero cómo se logra estar en estado de gratitud? El proceso en sí una vez más, es bastante sencillo.

1. Su intención debe ser sentirse agradecido, tiene que quererlo. Debe entender qué hay de ganancia para usted —y qué beneficio hay para los demás.

2. Debe recordar que la gratitud es la esencia de su funcionamiento psicológico saludable. Es su estado mental más natural. Y porque así es, en ausencia de pensamientos negativos se quedará con una sensación y sentimiento de gratitud. Debido a que ésta es natural, se tiene que aprender a "NO sentir gratitud".

3. Debe admitir que su negatividad es un hábito. Usted es

quien fabrica sus pensamientos y sólo es su forma de pensar lo que mantiene su negativismo en su lugar. ¡Usted tiene todo para cambiar su actitud completa hoy mismo! Usted es el patrón y tiene el control de su forma de pensar al comprometerse consigo mismo a cambiarla. A medida que desecha sus pensamientos negativos descubrirá más gratitud en su vida.

Finalmente, algo que es muy importante, el mayor poder que usted tiene para ampliar su sensación de gratitud es tomar nota del agradecimiento *cuando está presente*. Nunca se esfuerce por tenerlo, pero cuando lo tenga, tome nota. Recuerde, es su atención la que hace que toda sensación y sentimiento crezca. No deje que sus "pequeños" sentimientos y sensaciones de gratitud deriven lejos junto con sus pensamientos. En vez de eso, tome nota de cómo se siente y ayúdelos a crecer. Si siente la menor brisa de agradecimiento por algo que tiene o algo que ve, mantenga su atención allí durante unos minutos. La calidez y lo reconfortante de esa sensación y sentimiento, a medida que crece, es una de las sensaciones más agradables que puede experimentar un ser humano.

Es interesante descubrir que no necesita nada en particular para "estar agradecido", para sentir gratitud. En vez de eso, todo lo que debe hacer es "querer sentir la gratitud". Una vez más, esto se debe al hecho de que la gratitud se deriva de su forma de pensar y no de las circunstancias de su vida. La gratitud es una actitud hacia la vida que no tiene nada que ver con lo que tiene o carece. Ésta es la razón por la que algunas veces nos topamos con personas que en superficie tienen muy poco por lo que estar agradecidas, pero que sienten un profundo sentido de gratitud por el don de la vida. Estas personas no están engañándose a sí mismas —simplemente tienen una actitud positiva—. Ellas ven lo que tienen, mientras que otras se concentran en lo que carecen.

Recuerde sus puntos de elección. Siempre cuenta con la opción de concentrarse en una o dos cosas en su vida que no estén en orden o que son menos que perfectas. Afortunadamente, también puede optar por su funcionamiento saludable, el de la gratitud. En vez de seguir los trenes de pensamiento negativos en su mente, desconéctese de ellos. Recuerde el agradecimiento, la gratitud. Es mucho más poderosa que la depresión. Intente practicar esta nueva actitud de gratitud y vea cómo toda su experiencia cambia ante sus ojos. Ya tiene todo lo que necesita para cambiar hoy, en este instante. Un cambio en el corazón puede suceder en un instante, ahora mismo.

Si existe un único secreto con el que pueda beneficiarlo, sería éste: *Viva su vida en el momento presente y esté agradecido por lo que tiene en este instante.* El momento presente es en donde hallará salud mental y felicidad. Cuando comprenda lo suficiente su forma de pensar para no permitirle que sabotee su vida, contará con las únicas herramientas que necesita para conquistar y vencer a su depresión. Si le añade una sensación y sentimiento de gratitud, su vida será rica, satisfactoria y pletórica de alegría. Realmente, *se sentirá* feliz de nuevo.

Esta edición se imprimió en Abril de 2005. Lito Prensa
Cairo No. 163 México, D.F. C.P. 15400